20.12.19

»Würzburg ist fröhlich. Es gehört zu jenen Städten, deren bloßer Name die Vorstellung strahlender Heiterkeit erweckt und das Herz höher schlagen läßt ... Würzburg ist eine anheimelnde Stadt, in der man sich merkwürdig rasch zu Hause fühlt. Es prunkt nicht nur mit den großen Sehenswürdigkeiten, die im Baedeker zwei Sterne haben, es lockt auch mit den kleinen, die es den Fremden selber entdecken läßt, und das macht das Wandeln durch seine malerischen Gassen zu einem Genuß von seltsamem Zauber.« Josef Hofmiller

Würzburg ist heute mehr denn je kultureller Anziehungspunkt, Handelsknoten und Messestadt in Deutschlands Mitte, vergleichbar Heidelberg, Tübingen oder Dresden; und diese Stadt ist, wie keine andere Metropole im wiedervereinigten Deutschland, zu einem »Gesamtkunstwerk« zusammengewachsen. Im März 1945 völlig zerstört, wurde Würzburg nach dem Krieg in kürzester Zeit wiederaufgebaut. Es sind die herausragenden Bauten der Kirchenfürsten des Barock und Rokoko, die das Gesicht dieser Stadt entscheidend prägen und die Orientierungsmarken der zukünftigen Entwicklung dieser Stadt bilden. Nicht erst seit Goethes Zeiten ist diese Perspektive von Schriftstellern, Musikern, bildenden Künstlern, Denkern bis in die heutige Zeit bedacht und treffend erfaßt worden. Was in Romanen, Erzählungen, Essays, Tagebuchaufzeichnungen und Briefen hierzu gesagt worden ist, faßt dieser Band zusammen. Er lädt ein, diese Stadt im Spiegel dieser Zeugnisse zu erwandern und zu erschließen.

Die »Kulturadressen«, mit Hinweisen auf historische Gebäude und Denkmäler, auf Kirchen und Klöster, auf Museen, Gärten und Parks, machen diesen Band zu einem praktischen Reisebegleiter.

insel taschenbuch 2276

Würzburg

Würzburg

Literarische Reisewege

Herausgegeben
und mit einem Nachwort versehen
von Stefan Janson
Mit farbigen Abbildungen

Insel Verlag

Umschlagabbildung:
Residenz, Gartenfront. Foto: Wolf-Christian von der Mülbe

insel taschenbuch 2276
Erste Auflage 1999
Originalausgabe

Textnachweise am Schluß des Bandes
Vertrieb durch den Suhrkamp Taschenbuch Verlag
Umschlag: Michael Hagemann
Satz: MZ-Verlagsdruckerei GmbH, Memmingen
Druck: Nomos Verlagsgesellschaft, Baden-Baden
Printed in Germany

1 2 3 4 5 6 - 04 03 02 01 00 99

Inhalt

Auf der Durchreise
Aus Briefen und Tagebüchern

Würzburg als literarischer Schauplatz

Kindheit in Würzburg

Student in Würzburg

Am Theater

Betrachtung und Feuilleton

Auf der Durchreise

Aus Briefen und Tagebüchern

Johann Wolfgang von Goethe

Von Johann Wolfgang von Goethe (1749-1832) ist hinlänglich bekannt, daß er, zumal in hohem Alter, dem Frankenwein gerne zusprach, bevorzugt dem »Würzburger Stein«, und Lieferungen nach seinem Haus in Weimar veranlaßte.

Goethe hat aber auch persönlich Würzburger Boden betreten. In den Jahren 1814 und 1815 führten ihn zwei Reisen in das Rhein-Main-Neckar-Gebiet. Zum einen sollten sie ihm dazu dienen, aus der Distanz gereifter Persönlichkeit seine Heimatstadt Frankfurt und deren Umgebung wiederzusehen; zum anderen galten sie physischer und künstlerischer Erneuerung, als deren eine Frucht die zweite Reise das Fortschreiten seiner Dichtung des »West-östlichen Divans« zeitigte; schließlich spornte ihn das Anliegen mancher Freunde an, unter ihnen die rheinischen Kunstgelehrten und -sammler Sulpiz und Melchior Boisserée, sich über Kunst und Altertum in den Rhein-Main-Gegenden, zumal auch von der Notwendigkeit der Vollendung des Kölner Dombaus, einen Eindruck zu verschaffen, der als weitere Frucht der zweiten Reise in einer gleichlautenden Schrift vielbeachteten Niederschlag fand. Die menschliche Atmosphäre im Kreis der Brüder Boisserée und der Goethe seit langem bekannten Familie des Frankfurter Bankiers Johann Jacob Willemer, dessen Frau Marianne und der Tochter aus erster Ehe, Rosine Städel, war von Goethe als angenehm empfunden worden; dennoch traf er von Heidelberg aus ganz unerwartet und überstürzt Vorbereitungen zu seiner Rückreise nach Weimar. Gegenüber Sulpiz Boisserée äußerte Goethe die – psychisch bedingte – Befürchtung krank zu werden. So glich der Aufbruch einer Flucht. Sulpiz Boisserée begleitete Goethe bis Würzburg, wo beide am 8. Oktober 1815 spätabends bei Mondschein eintrafen und im »Pfälzischen Hof« übernachteten. Am nächsten Morgen trat Goethe allein die Weiterreise an und gelangte am 11. Oktober nach Weimar.

An Rosine Städel, geb. Willemer

Jene gehaltvolle Sendung, liebe Rosette, hätten Sie nicht abschicken können, ohne ein sichres Gefühl daß sie wohl angewendet sei. Das war sie auch; sie aber wert und würdig zu erwidern müßte ich in besserer Lage sein. Denken Sie, daß, bis gestern, ich hoffen konnte Sie jeden Tag zu sehen und nun nimmt mich's beim Schopf und führt mich, über Würzburg, nach Hause. Lassen Sie mich erst unterwegs sein und das als eine unausweichliche Notwendigkeit begreifen; so hören Sie mehr von mir, und wills Gott was Ordentliches. Verzeihen Sie das Federspritzen und die Kleckschen; das sieht meinem Zustand ganz ähnlich. Adieu den Beiden! Mögen sie vereint bleiben! Und Mir!

Hbrg. [Heidelberg] d. 6. Oktbr. 1815. G.

An Johann Jacob Willemer

Daß ich, teurer, verehrter Freund, immer um Sie und Ihre glücklichen Umgebungen beschäftigt bin, ja Ihre selbstgepflanzten Haine, das flüchtig gebaute und doch dauerhafte Haus, lebhafter als in der Gegenwart sehe und mir alles Gute, Liebe, Vergnügliche, Nachsichtige wiederholt wiederhole, werden Sie an sich fühlen, da ich gewiß aus jenen Schatten nicht vertrieben werden kann, und Ihnen oft begegne. Hundert Einbildungen hab ich gehabt: wann? wie? und wo? ich Sie zum erstenmal wiedersehen würde; da ich noch bis gestern Beruf hatte, mit meinem Fürsten, am Rhein und Main, schöne Tage zu verleben; ja vielleicht jene glänzende Jahresfeier auf dem Mühlberg zu begehen. Nun kommts aber! und ich eile über Würzburg nach Hause, ganz allein dadurch beruhigt, daß ich, ohne Willkür und Widerstreben, den vorgezeichneten Weg wandle und um desto reiner meine Sehnsucht nach denen richten kann die ich verlasse.

Doch das ist schon zu viel für meine Lage, in der sich ein Zwiespalt nicht verleugnet, den ich auch nicht aufrege, sondern lieber schließe.

Herzlichen Dank für alles Gute und Liebe. Doch dieser Dank wäre nicht der rechte wenn er nicht eine Schmerzensform annähme. Das werden Sie, Herzenskündiger, zu vermitteln wissen. Wie denn billig diese Worte an die zwei gerichtet sind, die man beneidenswert glücklich verbunden sieht.

Heidelb. d. 6. Oktbr 1815. G.

An Rosine Städel, geb. Willemer

Meiningen d. 10. Oktbr. 1815

Schon bin ich auf die Höhe gelangt wo die Wasser nicht mehr nach dem Main fließen, ich muß also meine Gedanken der Post anvertrauen und so sollen die Freundinnen hören: daß ich im Geiste immer so hartnäckig bei Ihnen geblieben, als mich ungern persönlich entfernt habe.

Am 7ten reisten wir von Heidelberg ab. Boisserée, der sich überzeugt hatte daß mir einige Pflege nötig sei, begleitete mich. Wir übernachteten in Neckar-Els, in einer Eisgrube.

Am 8ten, ging es weiter begünstigt vom schönsten Wetter, und so gelangten wir unter tausend Rückerinnerungen nach Würzburg. Kaum hatte ich die Ufer des Mains erreicht als ich sogleich die zierlichsten Kuchen hineinwarf. Möchten sie zur rechten Stunde, zwischen dem Rohr, zunächst der bekannten lieben Terrasse, glücklich landen!

Am 9ten, früh, gings an ein Scheiden, wo ich denn ganz eigentlich die Trennung fühlte, denn bisher war es noch immer eine Fortsetzung des glücklichsten Zustands. Auch, wie es zu geschehen pflegt, waren die letzten Stunden die interessantesten. Eine gewisse Scheu verliert sich wenn man das Unvermeidliche vor sich sieht und man sucht im offensten

Vertrauen einen Ersatz für den drohenden Verlust. Nicht ohne Rührung war der Abschied und, wie man eine Hand umwendet, wäre Sulpiz mit nach Weimar gegangen. Nun war ich denn allein, auf den weiten fruchtbaren Räumen zwischen Main und Main. Zu Werneck nahm ich nochmals von den geliebten Wassern Abschied, nachdem vorher die Weltgeschichte mich ereilt hatte. Auf den weiten Stoppelflächen hetzten donische Kosaken verschüchterte Hasen. Eine meilenlange Kolonne des russischen Trains retardierte meinen Eilweg und doch traf ich, gegen acht, bei hellem Mondschein, auf ein schlimmeres Hindernis, indem der Wagen sich umlegte. Da ich aber in den besten Gedanken war ließ ich mich nicht stören, sondern ging zu Fuße nach der Stadt, einen Weg ohngefähr so lang als von der Mühle nach der Sandgasse, oder umgekehrt und glaubte so von einer Freundin zu der andern zu gehen. Möchten sie mich Beide nicht aus ihrer Mitte lassen!

Nun, indessen der Wagen hergestellt wird, halte ich es für ein glückliches Ereignis, das mir Zeit gibt von hier aus meine kleinen äußeren Schicksale zu melden. Überlassend sich, in feinen Gemütern, nach Analogie eigner Gefühle, die inneren Zustände auszubilden. Diesen kommen gar sehr jene Talismane zu Hülfe an denen Ihr liebes Brieflein so reich war. Von Zeit zu Zeit wünsche ich mir Erneuerung, ob sie gleich von der Art sind daß sie ihre Kraft nimmer verlieren.

Auch Ihnen liebe Rosette wünsche den herrlichen Tag wie er über diesen Gebirgen waltet. Reiner Himmel, glänzende Sonne, dabei aber eine Winterkälte. Deshalb auch meine Schrift zu entschuldigen bitte, die in einer nicht zu erheizenden Stube mehr eilt als billig. Schon ist der Wagen wieder hergestellt und Carl abermals mit Aufpacken beschäftigt. Möchte ich doch zu Hause ein Wort von Ihnen vorfinden! – Und wie viele Optative möchte ich nicht noch hinzufügen. Lassen Sie mir die schönste Freude zwei Wesen unzertrennlich zu wissen, die ich immer so fort vereint mir denken will und was alles weiter daraus folgt, wie ich es so gern auf mich beziehe. Tausend Lebewohl.

G.

Heinrich von Kleist

Fünfzehn Jahre vor Goethes Reise nach Rhein, Main und Neckar war Heinrich von Kleist (1777-1811) im Herbst des Jahres 1800 nach Würzburg gekommen und hatte sich allem Anschein nach für einen längeren Aufenthalt zunächst nicht eingerichtet. Der Anlaß zu seiner Reise ist nicht eindeutig geklärt; angenommen werden politische, ebenso aber auch gesundheitliche Gründe. In Würzburg nahm Kleist mit seinem Freund Ludwig von Brockes, einem auch im Urteil der Varnhagens gebildeten Mann, zunächst Quartier im »Fränkischen Hof«, sodann, auch aus finanziellen Gründen, in einem Privathaus, und zwar beim Stadtchirurgus Joseph Wirth. Er bewohnte ein Eckhaus am Neuen Markt, in der Nähe der Einhorn-Apotheke. Wirths Haus wurde später als Schmalzmarkt 3 registriert. Man stieg inkognito ab, Kleist unter dem Namen Klingstedt, Brockes unter dem Pseudonym Bernhoff, beide als »Studenten von Leipzig«. Von Würzburg aus richtete Kleist fast täglich ungestüme Briefe nach Berlin an seine Braut Wilhelmine von Zenge, von der lange Zeit erwartete Antwort ausblieb. Dieser Umstand, die politische Situation unter der Belagerung Würzburgs durch die Franzosen und womöglich doch ein angeschlagener Gesundheitszustand bedingten, daß Kleist anfänglich einen ungünstigen Eindruck von Würzburg gewann. Als sich persönliche Belange und politisches Klima günstiger gestalteten, schließlich auch Wilhelmine Nachricht gab, gewann er dieser Stadt Positives ab. Aber da reiste Kleist auch schon ab. Teilweise dienten Kleist die Mitteilungen an Wilhelmine von Zenge, die nicht nur Stadterläuterungen enthalten, sondern ebenso Milieuschilderungen und auch die Interessen des Offiziers Kleist an der Festung Marienberg widerspiegeln, zu späterer literarischer Verwendung, so seine Schilderung eines Gewitters über Würzburg, die er 1810 in seiner Legende »Die heilige Cäcilie oder die Gewalt der Musik« verarbeitete.

An das Stiftsfräulein Wilhelmine von Zenge Hochwürd.
und Hochwohlgeb. zu Frankfurt a. d. Oder –
frei bis Leipzig.

Würzburg, den 11. (und 12.) September 1800

Mein liebstes Herzensmädchen, o wenn ich Dir sagen dürfte, wie vergnügt ich bin – Doch das darf ich nicht. Sei Du auch vergnügt. Aber laß uns davon abbrechen. Bald, bald mehr davon.

Ich will Dir von etwas anderm vorplaudern.

Zuerst von dieser Stadt. Auch diese liegt ganz im Grunde, an einer Krümmung des Mains, von kahlen Höhen eingeschlossen, denen das Laub ganz fehlt und die von nichts grün schimmern, als von dem kurzen Weinstock. Beide Ufer des Mains sind mit Häusern bebaut. Nr. 1 in dem beigefügten – Gekritzel (denn Zeichnung kann man es nicht nennen) ist die Stadt auf dem *rechten* Mainufer, und wir kamen von dieser Seite, von dem Berge a herab in die Stadt. Nr. 2 ist die Stadt auf dem *linken* Mainufer, das sogenannte Mainviertel mit der Zitadelle. Das Ganze hat ein echt katholisches Ansehen. Neun und dreißig Türme zeigen an, daß hier ein Bischof wohne, wie ehemals die ägyptischen Pyramiden, daß hier ein König begraben sei. Die ganze Stadt wimmelt von Heiligen, Aposteln und Engeln, und wenn man durch die Straßen geht, so glaubt man, man wandle durch den Himmel der Christen. Aber die Täuschung dauert nicht lang. Denn Heere von Pfaffen und Mönchen, buntscheckig montiert, wie die Reichstruppen, laufen uns unaufhörlich entgegen und erinnern uns an die gemeinste Erde.

Den Lauf der Straßen hat der regelloseste Zufall gebildet.

In dieser Hinsicht unterscheidet sich Würzburg durch nichts, von der Anlage des gemeinsten Dorfes. Da hat sich jeder angebaut, wo es ihm grade gefiel, ohne eben auf den Nachbar viele Rücksicht zu nehmen. Daher findet man nichts als eine Zusammenstellung vieler einzelnen Häuser, und vermißt die Idee eines Ganzen, die Existenz eines allgemeinen Interesses. Oft ehe man es sich versieht ist man in ein Labyrinth von Gebäuden geraten, wo man sich den Faden der Ariadne wünschen muß, um sich heraus zu finden. Das alles könnte man der grauen Vorzeit noch verzeihen; aber wenn heutzutage ganz an der Stelle der alten Häuser neue gebaut werden, so daß also auch die Idee, die Stadt zu ordnen, nicht vorhanden ist, so heißt das ein Versehen verewigen.

Das bischöfliche Residenzschloß zeichnet sich unter den Häusern aus. Es ist lang und hoch. Schön kann man es wohl nicht nennen. Der Platz vor demselben ist heiter und angenehm. Er ist von beiden Seiten durch eine Kolonnade eingeschlossen, deren jede ein Obelisk ziert. – Die übrigen Häuser befriedigen bloß die gemeinsten Bedürfnisse. Nur zuweilen hebt sich über niedrige Dächer eine Kuppel, oder ein Kloster oder das höhere Dach eines Domherrn empor.

Keine der hiesigen Kirchen haben wir so schön gefunden, als die Kirche zu *Eberach*, die ich Dir in meinem vorigen Briefe beschrieb. Selbst der Dom ist nicht so geschmackvoll und nicht so prächtig. Aber alle diese Kirchen sind von früh morgens bis spät abends besucht. Das Läuten dauert unaufhörlich fort. Es ist als ob die Glocken sich selbst zu Grabe läuteten, denn wer weiß, ob die Franzosen sie nicht bald einschmelzen. Messen und Hora wechseln immer miteinander ab, und die Perlen der Rosenkränze sind in ewiger Bewegung. Denn es gilt die Rettung der Stadt, und da die Franzosen für ihren Untergang beten, so kommt es darauf an, wer am meisten betet.

Ich, mein liebes Kind, habe Ablaß auf 200 Tage. In einem

Kloster auf dem Berge 2 bei b, hinter dem Zitadell, lag vor einem wundertätigen Marienbilde ein gedrucktes Gebet, mit der Ankündigung, daß wer es mit Andacht läse, diesen Ablaß haben sollte. Gelesen habe ich es; doch da es nicht mit der gehörigen Andacht geschah, so werde ich mich doch wohl vor Sünden hüten, und nach wie vor tun müssen, was recht ist.

Wenn man in eine solche katholische Kirche tritt, und das weitgebogene Gewölbe sieht, und diese Altäre und diese Gemälde – und diese versammelte Menschenmenge mit ihren Gebärden – wenn man diesen ganzen Zusammenfluß von Veranstaltungen, sinnend, betrachtet, so kann man gar nicht begreifen, wohin das alles führen solle. Bei uns erweckt doch die Rede des Priesters, oder ein Gellertsches Lied manchen herzerhebenden Gedanken; aber das ist hier bei dem Murmeln des Pfaffen, das niemand hört, und selbst niemand verstehen würde, wenn man es auch hörte, weil es lateinisch ist, nicht möglich. Ich bin überzeugt, daß alle diese Präparate nicht einen einzigen vernünftigen Gedanken erwecken.

Überhaupt, dünkt mich, alle Zeremonien ersticken das Gefühl. Sie beschäftigen unsern Verstand, aber das Herz bleibt tot. Die bloße Absicht, es zu erwärmen, ist, wenn sie sichtbar wird, hinreichend, es ganz zu erkalten. Mir wenigstens erfüllt eine Todeskälte das Herz, sobald ich weiß, daß man auf mein Gefühl gerechnet hat.

Daher mißglücken auch meist alle Vergnügungen, zu welchen große Anstalten nötig sind. Wie oft treten wir in Gesellschaften, in den Tanzsaal, ohne mehr zu finden, als die bloße Anstalt zur Freude, und treffen dagegen die Freude selbst oft da an, wo wir sie am wenigsten erwarteten.

Daher werde ich auch den *schönsten* Tag, den ich vor mir sehe, nicht nach der Weise der Menschen, sondern nach meiner Art zu feiern wissen.

Ich kehre zu meinem Gegenstande zurück. – Wenn die wundertätigen Marienbilder einigermaßen ihre Schuldigkeit tun, so muß in kurzem kein Franzose mehr leben. Wirksam sind sie, das merkt man an den wächsernen Kindern, Beinen, Armen, Fingern etc. etc. die um das Bild gehängt sind; die Zeichen der Wünsche, welche die heilige Mutter Gottes erfüllt hat. – In kurzem wird hier eine Prozession sein, zur Niederschlagung der Feinde, und, wie es heißt, »zur Ausrottung aller Ketzer«. Also auch zu Deiner und meiner Ausrottung –

Ich wende mich jetzt zu einer vernünftigen Anstalt, die ich mit mehrerem Vergnügen besucht habe, als diese Klöster und Kirchen.

Da hat ein Mönch die Zeit, die ihm Hora und Messe übrig ließen, zur Verfertigung eines seltnen Naturalien-Kabinetts angewendet. Ich weiß nicht gewiß, ob es ein Benediktinermönch ist, aber ich schließe es aus dieser nützlichen Anwendung seiner Zeit, indem die Mönche dieses Ordens immer die fleißigsten und arbeitsamsten gewesen sind.

Er ist Professor bei der hiesigen Universität und heißt *Blank*. Er hat, mit Unterstützung des jetzigen Fürstbischofs, eines Herrn von *Fechenbach*, eine sehenswürdige Galerie von Vögeln und Moosen in dem hiesigen Schlosse aufgestellt. Das Gefieder der Vögel ist, *ohne die Haut*, auf Pergament geklebt, und so vor der Nachstellung der Insekten ganz gesichert. – Verzeihe mir diese Umständlichkeit. Ich denke einst diese Papiere für mich zu nützen.

Schon der bloße Apparat ist sehenswürdig und erfordert einen fast beispiellosen Fleiß. Da sind in vielen Gläsern, in besondern Fächern und Schränken, Gefieder aller Art, Häute, Holzspäne, Blätter, Moose, Samenstaub, Spinngewebe, Schilfe, Wolle, Schmetterlingsflügel etc. etc. in der größten Ordnung aufgestellt.

Aber dieser Vorrat von bunten Materialien hat den Mann auf eine Spielerei geführt. Er ist weiter gegangen, als bloß seine nützliche Galerie von Vögeln und Moosen zu vervollkommnen. Er hat mit allen diesen Materialien, ohne weiter

irgend eine Farbe zu gebrauchen, gemalt, Landschaften, Blumenbuketts, Menschen etc. etc., oft täuschend ähnlich, das Wasser mit Wolle, das Laub mit Moose, die Erde mit Samenstaub, den Himmel mit Spinngewebe, und immer mit der genausten Abwechselung des Lichtes und des Schattens. – Die besten von allen diesen Stücken waren aber, aus Furcht vor den Franzosen, weggeschickt. –
[...]

den 12. September

Was Dir das hier für ein Leben auf den Straßen ist, aus Furcht vor den Franzosen, das ist unbeschreiblich. Bald Flüchtende, bald Pfaffen, bald Reichstruppen, das läuft alles buntscheckig durcheinander, und fragt und antwortet, und erzählt Neuigkeiten, die in 2 Stunden für falsch erklärt werden.

Der hiesige Kommandant, General D'Allaglio, soll wirklich im Ernst diese Festung behaupten wollen. Aber sei ruhig. Es gilt bloß die Zitadelle, nicht die Stadt. Auch diese ist zwar befestigt, aber sie liegt ganz in der Tiefe, ist ganz unhaltbar, und für sie, sagt man, sei schon eine Kapitulation im Werke. Nach meiner Einsicht ist aber die Zitadelle ebenso unhaltbar. Sie ist nach der Befestigungskunst des Mittelalters erbaut, das heißt, schlecht. Es war eine unglückliche Idee hier eine Festung anzulegen. Aber ursprünglich scheint es eine alte Burg zu sein, die nur nach und nach erweitert worden ist. Schon die Lage ist ganz unvorteilhaft, denn in der Nähe eines Flintenschusses liegt ein weit höherer Berg, der den Felsen der Zitadelle ganz beherrscht. Man will sich indessen in die Kasematten flüchten, und der Kommandant soll geäußert haben, er wolle sich halten, bis ihm das Schnupftuch in der Tasche brennt. Wenn er klug ist, so zündet er es sich selbst an, und rettet so sein Wort und sein Leben. Indessen ist wirklich die Zitadelle mit Proviant auf 3 Monate versehn. Auch soll viel Geschütz oben sein – doch das alles soll nur sein, hinauf auf das Zitadell darf keiner.

Viele Schießscharten sind da, das ist wahr, aber das sind vielleicht bloße Metonymien.

Besonders des Abends auf der Brücke ist ein ewiges Laufen hinüber und herüber. Da stehn wir denn in einer Nische, Brokes und ich, und machen Glossen, und sehen es diesem oder jenem an, ob er seinen Wein in Sicherheit hat, ob er sich vor der Säkularisation fürchtet oder ob er den Franzosen freundlich ein Glas Wein vorsetzen wird. Die meisten, wenigstens von den Bürgern scheinen die letzte Partie ergreifen zu wollen. Das muß man ihnen aber abmerken, denn durch die Rede erfährt man von ihnen nichts. Du glaubst nicht, welche Stille in allen öffentlichen Häusern herrscht. Jeder kommt hin, um etwas zu erfahren, niemand, um etwas mitzuteilen. Es scheint als ob jeder erst abwarten wollte, wie man ihm kommt, um dann dem andern ebenso zu kommen. Aber das ist eben das Eigentümliche der katholischen Städte. Da hängt man den Mantel, wie der Wind kommt.

Soeben erfahre ich die gewisse Nachricht, daß der Waffenstillstand auf unbestimmte Zeit verlängert ist, also schließe ich diesen Brief, damit Du so frühe als möglich diese frohe Nachricht erhältst, die *unsre* Wünsche reifen soll. Adieu. Bleibe mir treu. Bald ein mehreres. Dein Freund Heinrich.

Ihro Hochwohlgeborn und Hochwürden dem Stiftsfräulein Wilhelmine von Zenge in Frankfurt an der Oder – frei bis Berlin [Duderstädt]

Würzburg, den 13.(-18.) September 1800

[...] Eine der vortrefflichsten Anstalten, die je ein Mönch hervorbrachte, ist wohl das hiesige *Julius-Hospital*, vom Fürstbischof *Julius*, im 16. Jahrhundert gestiftet, von dem vorletzten Fürstbischof *Ludwig* um mehr als das Ganze erweitert, veredelt und verbessert. Das Stammgebäude schon ist ein Haus, wie ein Schloß; aber nun sind noch, in ähnlicher Form, Häuser hinzugebaut worden, so daß die vordere Fassade 63 Fenster hat, und das Ganze ein geschloßnes Viereck bildet. Im innern Hofe ist ein großer Brunnen angelegt, hinten befindet sich ein vortrefflicher botanischer Garten, Badehäuser, ein anatomisches Theater und ein medizinisch-chirurgisches Auditorium.

Das Ganze ist ein Produkt der wärmsten Menschenliebe. Jedes Gebrechen gibt, *wenn es ganz arm* ist, ein Recht auf unbedingte kostfreie Aufnahme in diesem Hause. Die Wiederhergestellten und Geheilten müssen es wieder verlassen, die Unheilbaren und das graue Alter findet Nahrung, Kleidung und Obdach bis ans Ende des Lebens. Denn nur auf gänzliche Hülflosigkeit ist diese Anstalt berechnet, und wer noch auf irgend eine Art sich selbst helfen kann, der findet hier keinen Platz, weil er ihn einem Unglücklichern, Hülfsbedürftigern nehmen würde.

Dabei ist es besonders bemerkenswürdig und lobenswert, daß die religiöse Toleranz, die nirgends in diesem ganzen Hochstift anzutreffen ist, grade hier in diesem Spital, wo sie so nötig war, Platz gefunden hat, und daß *jeder* Unglückliche seine Zuflucht findet in dieser katholischen Anstalt, wäre es auch ein Protestant oder ein Jude.

Das Innere des Gebäudes soll sehr zweckmäßig eingerichtet sein. Ordnung wenigstens und Plan habe ich darin gefunden. Da beherbergt jedes Gebäude eine eigne Art von Kranken, entweder die medizinische oder chirurgische, und jeder Flügel wieder ein eignes Geschlecht, die männlichen oder die weiblichen. Dann ist ein besonderes Haus für Unheilbare, eines für das schwache Alter, eines für die Epileptischen, eines für die Verrückten etc. Der Garten steht jedem Gesitteten offen. Es wird in großen Sälen gespeiset. Eine recht geschmackvolle Kirche versammelt täglich die Frommen. Sogar die Verrückten haben da ihren vergitterten Platz.

Bei den Verrückten sahen wir manches Ekelhafte, manches Lächerliche, viel Unterrichtendes und Bemitleidenswertes. Ein paar Menschen lagen übereinander, wie Klötze, ganz unempfindlich, und man sollte fast zweifeln, ob sie Menschen zu nennen wären. Dagegen kam uns munter und lustig ein überstudierter Professor entgegen, und fing an, uns auf lateinisch zu harangieren, und fragte so schnell und flüchtig und sprach dabei ein so richtiges, zusammenhangendes Latein, daß wir im Ernste verlegen wurden um die Antwort, wie vor einem gescheuten Manne. In einer Zelle saß, schwarz gekleidet, mit einem tiefsinnigen, höchst ernsten und düstern Blick, ein Mönch. Langsam schlug er die Augen auf uns, und es schien, als ob er unser Innerstes erwog. Dann fing er, mit einer schwachen, aber doch tönenden und das Herz zermalmenden Stimme an, uns vor der Freude zu warnen und an das ewige Leben und an das heilige Gebet uns zu erinnern. Wir antworteten nicht. Er sprach in großen Pausen. Zuweilen blickte er uns wehmütig an, als ob er uns doch für verloren hielte. Er hatte sich einst auf der Kanzel in einer Predigt versprochen und glaubte von dieser Zeit an, er habe das Wort Gottes verfälscht. Von diesem gingen wir zu einem Kaufmann, der aus Verdruß und Stolz verrückt geworden war, weil sein Vater das Adelsdiplom erhalten hatte, ohne daß es auf den Sohn forterbte. Aber am Schrecklichsten war der Anblick eines Wesens, den ein unnatürliches Laster wahnsinnig gemacht hatte – Ein 18jähriger Jüngling, der noch vor kurzem blühend schön gewesen sein soll und noch Spuren davon an sich trug, hing da über die unreinliche Öffnung, mit nackten, blassen, ausgedorrten Gliedern, mit eingesenkter Brust, kraftlos niederhangendem Haupte – Eine Röte, matt und geadert, wie eines Schwindsüchtigen, war ihm über das totenweiße Antlitz gehaucht, kraftlos fiel ihm das Augenlid auf das sterbende, erlöschende Auge, wenige saftlose Greisenhaare deckten das frühgebleichte Haupt, trocken, durstig, lechzend hing ihm die Zunge über die blasse, eingeschrumpfte Lippe, eingewunden und eingenäht lagen ihm die Hände auf dem Rükken – er hatte nicht das Vermögen die Zunge zur Rede zu bewegen, kaum die Kraft den stechenden Atem zu schöpfen – nicht verrückt waren seine Gehirnsnerven aber matt, ganz entkräftet, nicht fähig seiner Seele zu gehorchen, sein ganzes Leben nichts als eine einzige, lähmende, ewige Ohnmacht – O lieber tausend Tode, als ein einziges Leben wie dieses! So schrecklich rächt die Natur den Frevel gegen ihren eignen Willen! O weg mit diesem fürchterlichen Bilde –

Nicht ohne Rührung und Ehrfurcht wandelt man durch die Hallen dieses weiten Gebäudes, wenn man alle diese großen, mühsamen, kostspieligen Anstalten betrachtet, wenn man die Opfer erwägt, die sie dem Stifter und den Unterhaltern kostet. Die bloße Erhaltung der ganzen Anstalt beträgt jährlich 60000 fl. Damit ist zugleich eine Art von chirurgischer Pepiniere verknüpft, so daß bei dem Hospital selbst die künftigen Ärzte desselben gebildet werden. Lehrer sind die praktischen Ärzte, wie Seybold, Brünningshausen etc.

Aber wenn man an den Nutzen denkt, den diese Anstalt bringt, wenn man fragt, ob mit so großen Aufopferungen auf einem minder in die Augen fallenden Wege nicht noch weit mehr auszurichten sein würde, so hört man auf, diese an sich treffliche Anstalt zu bewundern, und fängt an, zu wünschen, daß das ganze Haus lieber gar nicht da sein möchte. Weit inniger greift man in das Interesse des hülflosen Kranken ein, wenn man ihn in seinem Hause, mit Heilung, Kleidung, Nahrung, oder statt der beiden letzten Dinge mit Geld unterstützt. Ihn erfreut doch der stolze Palast und der königliche Garten nicht, der ihn immer an seine demütigende Lage, an die Wohltat, die er nie abtragen kann erinnert; aller dieser Anschein von Pracht wird schwerlich mehr, als den Kranken und sein Gefühl durch den bittern Kontrast mit seinem Elende noch mehr drücken. Es liegt eine Art von Spott darin, erst ganz hilflos werden zu müssen um königlich zu wohnen [...].

den 14. September

Nirgends kann man den Grad der Kultur einer Stadt und überhaupt den Geist ihres herrschenden Geschmacks schneller und doch zugleich richtiger kennen lernen, als – in den Lesebibliotheken.

Höre was ich darin fand, und ich werde Dir ferner nichts mehr über den Ton von Würzburg zu sagen brauchen.

»Wir wünschen ein paar gute Bücher zu haben.« – *Hier steht die Sammlung zu Befehl.* – »Etwa von Wieland.« – *Ich zweifle fast.* – »Oder von Schiller, Goethe.« – *Die möchten hier schwerlich zu finden sein.* – »Wie? Sind alle diese Bücher vergriffen? Wird hier so stark gelesen?« – *Das eben nicht.* – »Wer liest denn hier eigentlich am meisten?« *Juristen, Kaufleute und verheiratete Damen.* – »Und die unverheirateten?« – *Sie dürfen keine fordern.* – »Und die Studenten?« – *Wir haben Befehl ihnen keine zu geben.* – »Aber sagen Sie uns, wenn so wenig gelesen wird, wo in aller Welt sind denn die Schriften Wielands, Goethes, Schillers?« – *Halten zu Gnaden, diese Schriften werden hier gar nicht gelesen.* – »Also Sie haben sie gar nicht in der Bibliothek?« – *Wir dürfen nicht.* – »Was stehn denn also eigentlich für Bücher hier an diesen Wänden?« – *Rittergeschichten, lauter Rittergeschichten, rechts die Rittergeschichten mit Gespenstern, links ohne Gespenster, nach Belieben.* –»So, so.« – –

Nach Vergnügungen fragt man hier vergebens. Man hat hier nichts im Sinn als die zukünftige himmlische Glückseligkeit und vergißt darüber die gegenwärtige irdische. Ein elender französischer Garten, der *Huttensche*, heißt hier ein Rekreationsort. Man ist aber hier so still und fromm, wie auf einem Kirchhofe. Nirgends findet man ein Auge, das auf eine interessante Frage eine interessante Antwort verspräche. Auch hier erinnert das Läuten der Glocken unaufhörlich an die katholische Religion, wie das Geklirr der Ketten den Gefangenen an seine Sklaverei. Mitten in einem geselligen Gespräche sinken bei dem Schall des Geläuts alle Knie, alle

Häupter neigen, alle Hände falten sich; und wer auf seinen Füßen stehen bleibt, ist ein Ketzer.

An die Frau von Kleist, geborene von Zenge, Hochwohlgeb., zu Berlin.

Würzburg, den 19.(-23.) September 1800

[...] Jetzt, da wir so ziemlich alles gesehen haben in dieser Stadt, sind wir viel zu Hause, Brokes und ich, und lesen und schreiben [...].

Wenn wir weiter nichts zu tun wissen, so treten wir ans Fenster, und machen Glossen über die Vorbeigehenden, aber gutmütige, denn wir vergessen nicht, daß, wenn wir auf der Straße gehn, die Rollen getauscht sind, und daß die kritisierten Schauspieler dann kritisierende Zuschauer geworden sind, und umgekehrt. Besonders der Markt an den Sonnabenden ist interessant, die Anstalten, die nötig sind, den Menschen 8 Tage lang das Leben zu fristen, der Streit der Vorteile, indem jeder strebt, so wohlfeil zu kaufen und so teuer zu verkaufen als möglich, auch die Frau an der Ecke, mit einer Schar von Gänsen, denen die Füße gebunden sind, um sich, wie eine französische Mamsell mit ihren gnädigen Fräulein, denen oft noch obenein die Hände gebunden sind, etc. etc.

Unser Wirt heißt übrigens Wirth, und wir befinden uns in diesem doppelten Wirtshause recht wohl. Uns bedient ein Mädchen, mit einer holden Freundlichkeit, und sorgt für uns, wie für Brüder, bringt uns Obst, ohne in allem Ernste Geld zu nehmen, usf. [...]

den 11. Oktober

[...] Ich finde jetzt die Gegend um diese Stadt weit angenehmer, als ich sie bei meinem Einzuge fand; ja ich möchte fast sagen, daß ich sie jetzt schön finde – und ich weiß nicht, ob sich die Gegend verändert hat, oder das Herz, das ihren Eindruck empfing. Wenn ich jetzt auf der steinernen Mainbrücke stehe, die das Zitadell von der Stadt trennt, und den gleitenden Strom betrachte, der durch Berge und Auen in tausend Krümmungen heran strömt und unter meinen Füßen weg fließt, so ist es mir, als ob ich über ein Leben erhaben stünde. Ich stehe daher gern am Abend auf diesem Gewölbe und lasse den Wasserstrom und den Luftstrom mir entgegen rauschen. Oder ich kehre mich um, und verfolge den Lauf des Flusses bis er sich in die Berge verliert, und verliere mich selbst dabei in stille Betrachtungen. Besonders ein Schauspiel ist mir sehr merkwürdig. Gradeaus strömt der Main von der Brücke weg, und pfeilschnell, als hätte er sein Ziel schon im Auge, als sollte ihn nichts abhalten, es zu erreichen, als wollte er es, ungeduldig, auf dem kürzesten Wege ereilen – aber ein Rebenhügel beugt seinen stürmischen Lauf, sanft aber mit festem Sinn, wie eine Gattin den stürmischen Willen ihres Mannes, und zeigt ihm mit edler Standhaftigkeit den Weg, der ihn ins Meer führen wird – – und er ehrt die bescheidne Warnung und folgt der freundlichen Weisung, und gibt sein voreiliges Ziel auf und durchbricht den Rebenhügel nicht, sondern umgeht ihn, mit beruhigtem Laufe, seine blumigen Füße ihm küssend –

Selbst von dem Berge aus, von dem ich Würzburg zuerst erblickte, gefällt es mir jetzt, und ich möchte fast sagen, daß es von dieser Seite am schönsten sei. Ich sahe es letzthin von diesem Berge in der Abenddämmerung, nicht ohne inniges Vergnügen. Die Höhe senkt sich allmählich herab und in der Tiefe liegt die Stadt. Von beiden Seiten hinter ihr ziehen im halben Kreise Bergketten sich heran, und nähern sich freundlich, als wollten sie sich die Hände geben, wie ein paar alte Freunde nach einer lange verflossenen Beleidigung – aber der Main tritt zwischen sie, wie die bittere Erinnerung, und sie wanken, und keiner wagt es, zuerst hinüber zu schreiten, und folgen beide langsam dem scheidenden

Strome, wehmütige Blicke über die Scheidewand wechselnd –

In der Tiefe, sagte ich, liegt die Stadt, wie in der Mitte eines Amphitheaters. Die Terrassen der umschließenden Berge dienten statt der Logen, Wesen aller Art blickten als Zuschauer voll Freude herab und sangen und sprachen Beifall, oben in der Loge des Himmels stand Gott. Und aus dem Gewölbe des großen Schauspielhauses sank der Kronleuchter der Sonne herab, und versteckte sich hinter die Erde – denn es sollte ein Nachtstück aufgeführt werden. Ein blauer Schleier umhüllte die ganze Gegend, und es war, als wäre der azurne Himmel selbst hernieder gesunken auf die Erde. Die Häuser in der Tiefe lagen in dunkeln Massen da, wie das Gehäuse einer Schnecke, hoch empor in die Nachtluft ragten die Spitzen der Türme, wie die Fühlhörner eines Insektes, und das Klingeln der Glocken klang wie der heisere Ruf des Heimchens – und hinten starb die Sonne, aber hochrot glühend vor Entzücken, wie ein Held, und das blasse Zodiakallicht umschimmerte sie, wie eine Glorie das Haupt eines Heiligen – –

Vorgestern ging ich aus, einen andern Berg von der Nordseite zu ersteigen. Es war ein Weinberg, und ein enger Pfad führte durch gesegnete Rebenstangen auf seinen Gipfel. Ich hatte nicht geglaubt, daß der Berg so hoch sei – und er war es vielleicht auch nicht, aber sie hatten aus den Weinbergen alle Steine rechts und links in diesen Weg geworfen, das Ersteigen zu erschweren [...].

O wie herrlich war der Anblick des Maintales von dieser Höhe! Hügel und Täler und Wasser, und Städte und Dörfer, alles durcheinander wie ein gewirkter Fußteppich! Der Main wandte sich bald rechts bald links, und küßte bald den einen, bald den andern Rebenhügel, und wankte zwischen seinen beiden Ufern, die ihm gleich teuer schienen, wie ein Kind zwischen Vater und Mutter. Der Felsen mit der Zitadelle sah ernst auf die Stadt herab, und bewachte sie, wie ein

Riese sein Kleinod, und an den Außenwerken herum schlich ein Weg, wie ein Spion, und krümmte sich in jede Bastion, als ob er rekognoszieren wollte, wagte aber nicht in die Stadt zu gehen, sondern verlor sich in die Berge –

Aber keine Erscheinung in der Natur kann mir eine so wehmütige Freude abgewinnen, als ein Gewitter am Morgen, besonders wenn es ausgedonnert hat. Wir hatten hier vor einigen Tagen dies Schauspiel – o es war eine prächtige Szene! Im Westen stand das nächtliche Gewitter und wütete, wie ein Tyrann, und von Osten her stieg die Sonne herauf, ruhig und schweigend, wie ein Held. Und seine Blitze warf ihm das Ungewitter zischend zu und schalt ihn laut mit der Stimme des Donners – er aber schwieg der göttliche Stern, und stieg herauf, und blickte mit Hoheit herab auf den unruhigen Nebel unter seinen Füßen, und sah sich tröstend um nach den andern Sonnen, die ihn umgaben, als ob er seine Freunde beruhigen wollte – Und einen letzten fürchterlichen Donnerschlag schleuderte ihm das Ungewitter entgegen, als ob es seinen ganzen Vorrat von Galle und Geifer in einem Funken ausspeien wollte – aber die Sonne wankte nicht in ihrer Bahn, und nahte sich unerschrocken, und bestieg den Thron des Himmels – – und blaß, wie vor Schreck, entfärbte sich die Nacht des Gewölks, und zerstob wie dünner Rauch, und sank unter den Horizont, wenige schwache Flüche murmelnd – –

Aber welch ein Tag folgte diesem Morgen! Laue Luftzüge wehten mich an, leise flüsterte das Laub, große Tropfen fielen mit langen Pausen von den Bäumen, ein mattes Licht lag ausgegossen über die Gegend, und die ganze Natur schien ermattet nach dieser großen Anstrengung, wie ein Held nach der Arbeit des Kampfes – […].

Ludwig Emil Grimm

Der Bruder der Philologen Jakob und Wilhelm Grimm, der Väter der »Kinder- und Hausmärchen«, Ludwig Emil Grimm (1790-1863) hatte bereits 1816 Würzburg auf seiner Reise nach Main und Neckar gesehen. Am 30. März 1828 brach er erneut von Frankfurt aus in fränkische Richtung auf, und zwar zum Dürer-Fest nach Nürnberg. Mit einem Lohnkutscher ging seine Reise über Aschaffenburg, wo er Clemens Brentano besuchte, nach Würzburg. Erst von dieser Reise berichtete Grimm von der fränkischen Metropole. Wenngleich er in literarischen Kreisen wohl eingeführt war und in seinen »Lebenserinnerungen« Zeugnis für sein schriftstellerisches Talent ablegt, galten Neigung und Beruf doch vorrangig der Malerei. Er reiste somit als kritischer Betrachter von Landschaft und Architektur. Eine große Zahl überaus pittoresker, feinnerviger Aquarelle und Zeichnungen hatte er unterwegs entstehen lassen. Auch der erste Anblick Würzburgs, von der Kutsche aus, faszinierte den Maler und reizte sein perspektivisch erfassendes Auge. Geringere Befriedigung fand das kunsthistorische Interesse Grimms, aber Beschwernis der Reise und Kürze des Aufenthalts konnten zwangsläufig nicht die günstigsten Voraussetzungen für einen objektiven Eindruck von der Stadt und ihrer Kunst gewährleisten.

[...] Nun ging es rasch vorwärts, dann zwischen hohen Bergen, die mit Weinstöcken bepflanzt waren, herab; man merkte schon die Nähe von Würzburg. Es dauerte auch gar nicht lange, so sagte der Kutscher: »Schauen S', da sigt mes scho, Wirzburg!« Wir machten uns bei dem kalten Wind, der uns entgegenkam, aus dem Wagen und betrachteten die schöne Gegend und das Tal, wo der Main überall sichtbar ist, rechts die Stadt mit ihren Türmen, die ganz düster, beinahe dunkelgrau aussah. Da wäre ein schöner Punkt, eine Landschaft davon zu nehmen. Wir fuhren jetzt in der Ebene und waren bald an dem Wachthaus der Stadt. Eine dicke Frau kam und fragte nur, wo wir herkämen, damit war alles abgemacht. Als wir über die große Mainbrücke fuhren, sah ich links den ersten Baum in voller Blüte stehn.

Wir stiegen in einem Gasthof ab, der halb auf einem Markt, halb in einer engen Gasse steht, den Namen weiß ich nicht mehr, aber es soll der beste sein. Nun hier in Würzburg, wo ich vor zwölf Jahren schon einmal war, freute ich mich auf einige alte Bekannte, sie waren aber leider nicht mehr dort. Am andern Morgen gingen wir in einige Kirchen, sie sind meist im Jesuitengeschmack und innen überladen reich mit Vergoldungen und Zieraten. Dann hatten wir noch eine drückende Arbeit vor uns, nämlich zwei Galerien zu sehn. Wenn man so in Eile so etwas durchsehn soll und in so einer Galerie lauter kleine niederländische Bilder erblickt, so weiß man gar nicht, wo man anfangen soll. Von italienischen war gar keine Rede, auch nicht von altdeutschen besserer Art, und wir waren so ermüdet von den vielen Nachahmungen von Ostade, Teniers, Brouwer usw. und von den vielen gemalten Federvieh-, Jagd- und Früchtestücken, daß mir ganz blau und flau geworden. Dann kamen noch die vielen Bildnisse der seligen Fürstenbischöfe von Würzburg mit ihren dicken, roten Gesichtern, wo einer aussieht wie der andere. Wenn man dergleichen Sachen viel sehn muß, so fällt es einem auf die Nerven, auch bei der besten Gesundheit. Der Landschaftsmaler Ernst Fries von Heidelberg kam noch an und ein badenscher Hofrat, dessen Namen ich nicht mehr weiß.

Wir fuhren mit einem Münchner Kutscher, der über Nürnberg fuhr, und so ging's mittags 12 Uhr den 3. April weiter. [...]

Hermann Fürst von Pückler-Muskau

Sechs Jahre nach Ludwig Emil Grimms kurzem, kursorischen Besuch kam Hermann Fürst von Pückler-Muskau (1785-1871) nach Würzburg. Seine weitgespannten Fernreisen, deren Schilderung literarische Bedeutung zukommt, liebte er immer wieder durch kurze Reisen im deutschen Raum zu unterbrechen, um sich hier mit Details der Garten- und Schloßarchitektur noch näher vertraut zu machen, war Pückler-Muskau doch Gartenarchitekt aus Berufung. In Muskau an der Neiße und bei Schloß Branitz in der Nähe von Cottbus schuf er Anlagen im Stil der englischen Parklandschaft, die später für die Gartenkunst Europas von Vorbild werden sollten. So galt bei seiner im Juli 1834 unternommenen Reise ins Fränkische sein Hauptaugenmerk in Würzburg der Gartenarchitektur der Residenz, sodann Balthasar Neumanns Bauwerk selbst, nachdem er zuvor die Bamberger Residenz und das nahebei liegende Schloß Pommersfelden mit seinen Anlagen studiert hatte. Seine begeisterten, sehr detaillierten Eindrücke von Würzburg hielt der zu seiner Zeit vielgelesene Pückler-Muskau in einem Reisebericht an eine fiktive Freundin Bianca fest, der in seine Schrift »Semilassos vorletzter Weltgang« Eingang fand.

Würzburg, den 14. Juli 1834

Vorgestern kam ich in Würzburg an, dessen Umgegend mir eben so kahl erschien als der Bergkessel schön, in dem die Stadt selbst liegt. Noch an demselben Abend besuchte ich den Schloßgarten, und dieser sowie die Pracht und Größe der Residenz versetzten mich in Staunen und in einen wahren Enthusiasmus, denn ich ahnte gar nicht, etwas Ähnliches hier zu finden. Das Lokal des Gartens ist in hohem Grade günstig, die Lage geschickt, die Fruchtbarkeit üppig, die Behandlung durchaus großartig und die Erhaltung vortrefflich. Man findet alles; die schönsten Exemplare alter und seltener Bäume, Sträucher und Pflanzen, sinnig mit adäquatem Bauwerk, Fontänen und Statuen gemischt, Blumenparterres, schattige Berceaus, frische Rasenstücke, vortreffliche Kieswege – wahrlich ein königlicher Garten im vollen Sinne des Worts. Wäre es nötig, mich hierüber zu belehren, hier hätte ich mich unwidersprechlich überzeugen müssen, daß für grandiose, regelmäßige Paläste durchaus auch nur ein architektonischer Gartengeschmack paßt, und zugleich sieht man, daß ungeachtet dieser strengen Symmetrie es dem *genialen* Künstler dennoch leicht wird, ihr eine große Mannigfaltigkeit zu geben, ja selbst dem Spiel und der barocken Laune ihren Tummelplatz anzuweisen.

Wir wissen in Deutschland zu wenig, was wir haben. Daher gestehe ich meine Überraschung. Ich habe in England in diesem Stil nichts gesehen, was dieses Ensemble überträfe. Nimm Dir dies zur Lehre, liebe Bianca, und unternimm nächstens eine Reise hierher, vielleicht siehst Du Dir etwas für Dein Zauberschloß ab, an des schönen Salzburgs Grenzen.

Der Garten bildet einen Halbkreis und erhebt sich gradatim bis an die alten Festungswerke und tiefen jenseitigen Stadtgräben. Dort führen herrliche Lindenalleen auf den Wällen entlang von einem Ende des Halbkreises bis zum andern, und während man im übrigen Garten nur ihn selbst und das Schloß sieht, hat man von hier oben die eigentümlichsten, mit nichts anderem zu vergleichenden Aussichten auf die Gegenstände außerhalb, deren origineller Charakter durch die besondere Lage der Stadt, ihrer Kirchen und Schlösser hervorgebracht wird. Was mich oft auf altdeutschen und italienischen Bildern als wunderbar und phantastisch angezogen, ich aber für übertrieben und unnatürlich gehalten, hier schien es mir verwirklicht. Es ist so schwer, dergleichen mit Worten zu beschreiben. Nur so viel summarisch: Von dem Fuß einer der alten Linden sah man unter den Kronen mehrerer hohen, etwas seitwärts stehenden Bäume tief unter sich in einen Blumengarten hinab, den ein

Glashaus begrenzte, hinter diesem wird man einen Teil der Stadt gewahr, bald hohe, bald niedrige Häuser, mit einem großen Palast an der Seite, neben welchem eine schmale, aber weite Durchsicht auf den Main sich öffnet; den Mittelgrund nehmen mehrere hohe Türme ein, und nahe hinter diesen erhebt sich auf einem mit Weingärten durchzogenen Felsen, der durch die Disposition der vordern Gegenstände von außerordentlicher Höhe erscheint, die von vier Türmen flankierte Zitadelle. Diese, von goldroten Abendwölkchen umspielt, schien unmittelbar im Himmel selbst zu stehen, da der Rahmen der nahen und dichten Baumkronen hier schnell abschnitt und keinen Raum darüber mehr erblicken ließ.

Ich eilte jetzt in das Schloß zurück, wo es indes zum Besehen der Zimmer schon zu spät geworden war und ich nur die überaus prächtige Einfahrt und Treppe bewundern konnte.

Am andern Tage besah ich das Innere des Palastes, welches seinem Äußeren ganz entspricht. Der Souverän, der es erbaut, war auch ein Graf Schönborn, eine Familie, der man diesen, an so vielen Orten Raum gegebenen Sinn für Verschönerung nicht genug danken kann! Ich glaube überhaupt, daß ein Monarch sich durch wenige Dinge, die immer in seiner Gewalt stehen (denn ein Genie, ein Gesetzgeber und Eroberer *kann* nicht jeder sein), mehr Verdienst um sein Land und einen länger dauernden Namen erwerben kann, als durch erhabne Bauwerke.

Die verschiednen Appartements in der Würzburger Residenz sind größtenteils in dem prächtigen Stil Ludwig XIV. möbliert, der jetzt wieder und nicht mit Unrecht, wenn es nicht übertrieben wird, zur neuesten Mode geworden ist. Bemerkenswert ist in diesem Genre ein Spiegelzimmer, in dem ein Teil der Spiegel auf originelle Weise mit bunten Figuren und Arabesken, die mit reichem Laubwerk von Gold abwechseln, bemalt ist. Die vergoldeten Zierate an Türen und Fenstern sind nicht von Holz, sondern aus Blei gegossen, welches ihnen eine so große Dauer gegeben hat, daß alles noch heute wie neu erscheint. Ebenso wohlüberlegt sind die Verhältnisse und Einteilungen der verschiedenen Piecen, und der coup d'œil aus dem Eckfenster der großen Gartenfassade, wo man durch 16 Zimmer in den kolossalen Saal der Mitte, und jenseits diesem durch noch 16 andere, die mit einem großen Fenster schließen, wie durch einen endlosen Raum hindurchblickt, wird wenig seinesgleichen finden. In des Königs Wohnstuben, welche die einfachsten sind, fand ich eine Madonna von unserem Schadow, die mich frappierte. Sie steht manchen berühmten Gemälden älterer Meister in keiner Art nach, am wenigsten in tief gefühltem, sinnigen Ausdruck. Auch eine vortreffliche Kopie der Magdalene Correggios von Füger befindet sich hier. Solche Kopien großer Meisterstücke der Malerei sind meines Erachtens gar vielen teuer bezahlten Originalen vorzuziehen, und dieser Art würde ich eine Sammlung anlegen, wenn mein Vermögen gestattete, auch in dieser Region der Kunst meinem Geschmacke zu folgen.

Ich habe mich immer gewundert und es schon früher einmal geäußert, daß man bei der großen Vollkommenheit, die man jetzt in Nachahmung der Edelsteine durch Glaskompositionen erreicht hat, diese nicht zum Ameublement benutzt. Hier fand ich einige Kronleuchter von buntem Glase aus alter Zeit, doch sind sie nur ein roher und unvollkommener Anklang von dem, was man in solchem Genre jetzt herstellen könnte, besonders wo etwas recht Phantasiereiches, ganz aus dem Gewöhnlichen Heraustretendes bezweckt würde; denn man kann nicht genug variieren, und die ärmliche Monotonie ist unser Hauptfehler in Bauwerken wie bei der inneren Verzierungskunst. Man erfreut sich hier wahrhaft an der alten gediegenen Pracht und Mannigfaltigkeit. Welcher Unterschied in der Tat zwischen dieser reichen Stukkatur, diesen schön lackierten Boiserien von Grün und Gold, Blau und Silber, den Schlachten Alexanders von Lebrun in Hautelice, den mit Skulpturen untermischten Fresken Tiepolos mit den widrigen Klecksen der Papierpinseleien und den oft abscheulicheren Pfuschereien schlechter Dekorationsmaler neuerer Zeit.

Nicht übel hat der Fürstbischof im Geiste seiner Zunft den Gegenstand der Darstellungen im großen Saal gewählt, denn während man auf der einen Seite zwar den Bischof Gebhard vor dem Kaiser knien sieht, als er von ihm mit dem Bistum belehnt wird, so erscheint doch auf der andern schon wieder der Kaiser zu Gebhards Füßen, wie dieser ihn mit der Gräfin von Brabant vermählt.

In einem andern Saal war ein Karussell und eine Menge andrer Spiele angebracht, und in der angrenzenden Zimmerreihe befanden sich Überreste einer Gemäldegalerie, von denen jedoch das Beste nach München gewandert ist.

Auf dem Rückwege nach meinem Gasthof nahm ich noch einige Kirchen in Augenschein. Zuerst den Dom, auch vom Grafen Schönborn erbaut. Er ist im modernen italienischen Kirchengeschmack von Schnörkeln, Vergoldung, Zieraten und Monumenten aller Art strotzend. So sehr dergleichen einen gotischen Dom verunziert, so habe ich doch diese verworrene Überladung von Farben und Gold in einer modernen Kirche nicht ungern. Sie paßt übrigens ganz gut zu *dem* Kultus. Es ist wie ein Rausch, wie ein konfuser Traum, dem man sich eine Weile ganz behaglich hingibt, und sich an der sonderbaren Mischung des Geistlichen und Weltlichen in hundert Karikaturen ergötzt. Hier z. B. Adelswappen über dem heiligen Kreuze und dem Hochaltar, dort eine schwarze Heilige von zwei Bischöfen im Ornat bekniet, weiterhin eine riesengroße Maria mit einem Gesicht wie ein Türke, der ein Geistlicher drei enorme Goldstücke darreicht, die ihrer Taille ganz angemessen sind – ein gutes Beispiel für die Gläubigen –; daneben der würdige Laurentius, wie er jämmerlich auf dem Rost gebraten wird, und gegenüber der große Esel, der sich auf der Flucht nach Ägypten verwundert nach ihm umschaut; zu guter Letzt endlich eine prächtige Kapelle mit Marmorsäulen und Gold ohne Ende angefüllt, in Pracht alles übrige überstrahlend, aber nur der Eitelkeit einer hohen Familie gewidmet, deren Wappen und Embleme rund um des Heilands Auferstehung, wie zur Derision seiner Lehre, einen Kranz bilden, den pour comble de démence oben – das Portrait des Stifters der Kapelle in der Allongeperücke schließt! Dergleichen ist gewiß träumerisch und phantastisch genug, um sich die Augen zu reiben, nachdem man es gesehen hat.

Doch bietet eine andere Kirche noch Sonderbareres. Hier hängen zwei große schon verschossene Gemälde von folgendem Inhalt:

Auf dem einen ist das Nachtmahl abgebildet und darin eine Galerie der charakteristischsten Judenphysiognomien als Karikatur auf das possierlichste dargestellt. Sie sind sämtlich, Christus nicht ausgenommen, nur in der gemeinsten Art dieser Eigentümlichkeit aufgefaßt und absichtlich chargiert. Wie kann man eine solche unanständige Satire in einer Kirche lassen! Der Pendant zu diesem Bilde scheint auch eine Verspottung zu beabsichtigen. Christus als Knabe sitzt auf einem hohen Kinderstühlchen bei Tisch, neben ihm Maria, welche ein bis über die Wade nacktes Bein und Fuß unter der Tafel hervorstreckt. Etwas weiter abwärts sitzt Joseph, der aus Respekt mit abgewandtem Gesichte en cochet von seinem Teller ißt, den er in der Hand hält. Drei Engel mit ungeheuern Flügeln bedienen. Der eine legt aus der Schüssel dem Heilande vor, der andere bindet ihm die Serviette um, und der dritte trägt eben einen noch unberührten gespickten Fasan wieder hinaus. Im Winkel sitzt ein halbnackter, dem Silen ähnlicher Kerl auf der Erde hingekauert, der heimlich etwas von einer Schüssel stiehlt und begierig hinunterfrißt. Außer diesen zwei famosen Darstellungen befinden sich in dieser Kirche auch wie verloren ein paar vortreffliche Albrecht Dürer.

Nachmittags – denn ein Reisender muß seine Zeit benutzen – fuhr ich zu Wasser nach Veitshöchheim, einem Lustschloß des Königs. Der Kahn glitt sanft an den Bergen hin, die den Steinwein liefern, und binnen einer halben Stunde kamen wir bei drei Klöstern vorbei, die sämtlich in Fabriken verwandelt worden sind, gewissermaßen schon ein stiller Sieg des St. Simonismus über den Katholizismus. Dem ersten Kloster, Himmelpforte, gegenüber zeigte mir das Schiffermädchen – ein junges Blut, die meinen Kahn regierte und, fast im Hemde, mit einem breiten Strohhute bedeckt, rüstig in der drückenden Hitze ruderte – ein rotes Kreuz an einer der Weinbergsmauern, und in der Ferne einen verfallenen Turm. »Sehen Sie«, sagte sie, »da unter dem roten Kreuz liegt eine Nonne, die lebendig begraben wurde, weil sie von dem Ritter, dem die zerstörte Burg dort gehörte, zwei Kinder bekommen hatte. Sie entwischte aus ihrem Gefängnis im Kloster und schwamm durch den Main, aber drüben fing man sie wieder auf und scharrte sie sogleich lebendig an der Mauer ein.« »Du lieber Himmel«, sagte ich, »da kannst Du doch Gott danken, daß Du ein Fischermädchen bist, passierte Dir so ein kleines Unglück ...« »Nun, das wäre eine schöne Geschichte!« unterbrach sie mich entrüstet, »lassen Sie mich mit Ihren Späßen in Frieden, oder ich sage kein Wort mehr.« »Ich bin mäuschenstill, erzähle weiter.«

»Nun also, kurz darauf ward auch eine Nonne verbrannt.« »Das ist ja abscheulich, was hatte denn die verbrochen?« »Ja, das war 'ne Hex.« »Eine Hexe! Glaubst Du denn auch noch an solch dummes Zeug?« »Ich sage nicht, daß es jetzt noch welche gibt, aber damals hat's doch ihrer gegeben, denn sonst hätte man sie nicht verbrannt. Die war's halt gewiß, und das halbe Kloster hatte sie schon angesteckt, als man erst dahinter kam. Und als man sie verbrannte, wollte sie der Teufel gar nicht sterben lassen. Nach einer halben Stunde hat sie noch so aus dem Scheiterhaufen herausgeschrien, daß man es bis in der Stadt hat hören können.« Gräßliche Zeit!

dachte ich, da ist es doch besser, daß jetzt nur das Feuer aus der langen Esse raucht, und nur Kohlen statt Menschen darin verbrannt werden.

Das zweite Kloster, einst den Dominikanern zugehörig, ist ein prächtiges Gebäude mit schönen Gärten am Fluß und einer weiten Aussicht von seiner Terrasse.

Vom dritten Kloster ist nichts zu bemerken, als daß viele Reiher an den flachen Ufern unter seinen Mauern spielten und lange unser Schifflein begleiteten, sich bald zierlich in der Luft wiegend, bald gravitätisch im Schilf einherschreitend. Eine Zeitlang flog ein großer Falke ganz friedlich mit ihnen, ohne daß sie ihn zu scheuen schienen. Also macht erst die Kultur die Falken zu Verfolgern, wie die Soldaten zu Mördern.

Das königliche Lustschloß bietet nicht viel Sehenswertes dar, obgleich es ein ganz angenehmer Aufenthalt sein mag und recht gut erhalten ist. Das Merkwürdigste ist eine Grotte, in der man grüne, rote, blaue und weiße Muschelfragmente zur Darstellung glänzender Seetiere geschickt benutzt hat. So trugen z.B. rote Hummer die Decke, blaue Forellen schwammen an der Wand in grünen Wellen usw. Die Wasserwerke nebst einem See sind unbedeutend. Ich hätte mich gern einer der wasserspeienden Nereiden in die Arme geworfen, denn es war unerträglich heiß, und dieses Jahr muß 1811 übertreffen. Auch schwitzt in diesem Weinlande jedermann mit Vergnügen in der Hoffnung auf die gesegnete Ernte.

Du wirst mich für unermüdlich halten, gute Bianca, wenn ich Dir sage, daß ich noch die letzte Stunde des Tages benutzte, um auf die Zitadelle hinaufzuklettern, hauptsächlich, um die Stadt, ehe ich sie verlasse, noch einmal von der Höhe zu übersehen. Es ist ein altertümliches Chaos von Gebäuden, diese Festung, mit einem enormen Waffensaale, von dem mir der gute Major, der mich herumführte, keinen Winkel erließ.

Karl Leberecht Immermann

In seinem Roman »Münchhausen« hat Karl Leberecht Immermann (1796-1840) nicht nur Fürst Pückler-Muskau ein Denkmal gesetzt, er hat darin auch wortgetreu manche Passage aus seinen »Memorabilien« wieder aufgegriffen, insbesondere aus seiner Beschreibung einer Reise nach Franken im Herbst 1837, in deren Verlauf er Ende September auch Würzburg besichtigte. Immermann kam von Frankfurt über den Spessart in die Stadt. Im Gegensatz zu Pückler-Muskaus Reiseintentionen galt Immermanns Besuch nicht bestimmtem Ziel oder Zweck. Vielmehr verstand sich Immermann als Bildungsreisender, der mit kritischem Abstand die Eindrücke seines eintägigen Besuchs in Würzburg festhielt und insgesamt betrachtet das lokale Kolorit im Zusammenspiel von Landschaft und Menschenschlag ideal erfaßte.

Würzburg, 20. September 1837.

[...] Abends im Dunkeln in Würzburg eingefahren und gutes Unterkommen in dem stillen, geräumigen Pfälzerhof gefunden. Ich saß mit dem Wirth allein zu Tisch, die Wanderzüge der Touristen sind glücklicher Weise schon vorbei. Ich dachte, es sei Pflicht, am Steinwein einzubringen, was ich am Kalmuth versäumt, und ließ mir eine Halbe von der zweiten Sorte reichen. Sie schmeckte, wie Madera schmekken muß, wenn er jung ist. Auch sind die hiesigen Reben Spanische, und sie treiben in einem Boden, von Kalk und Schwefel glühend. Mir war, als führe mir der Geist Calderons durch den Leib, Alles so schwer, ernst, glühend. Ich ließ mir Prima-Sorte reichen; diesen Geist mußte ich in seiner Tiefe zu begreifen streben.

Ich ging auf mein Zimmer, legte mich zur Ruhe und träumte: ein langer, weißer, feiner Finger klopfte mir, gekrümmt, unaufhörlich auf die Brust. Es war noch Mondenlicht, dabei konnt ich sehen, daß der Finger zum Fenster hinaus über die Straßen, die Ebene, die Berge, die Flüsse sich fortsetzte, am Rhein verlor ich endlich die Spur. [...]

Ich [...] erwachte am andern Morgen frisch, ohne Kopfweh, Säure, Beschwerde [...], lobte Gott den Herrn für den Steinwein, sah aus dem Fenster; da lag Würzburg vor mir im goldenen Frühlicht mit seinen Kuppeln und Thürmen, und die Rebenhügel blickten über die Straßen herein.

Würzburg, den 21. September 1837.

Sanct Kilianus, der Apostel der Franken, wurde auf Befehl der heidnischen Herzogin in einem Stalle ermordet, »nebst seinen zwei Collegen«, wie mein Führer sich ausdrückte. Die Pferde scharrten nach Jahren die Gebeine heraus, und über ihrem Fundorte erhob sich dann die Kilianskirche. Ihr gebührte daher die erste Visite. Die eine Krypte der Kirche soll der Ort des Stalles sein, da zeigen sie noch den Stallbrunnen mit steinerner Umfassung, an dem sich das Volk am St. Kilianstage um das Wasser schlägt, das sie für ein Universalmittel gegen Augenleiden halten. Auch ein Altar steht in dieser Krypte, mit einem runden Loche an der Hinterwand; »dadurch kriecht das dumme Volk«, sagte mein rationalistischer Führer, »und meint, es kriegt dann keine Gicht.« – An einem Seitenaltare befindet sich ein gekreuzigter Christus, aber mit heruntergesenkten und übereinandergeschlagenen Armen. Davon erzählen sie folgende Legende. Ein Dieb wollte dem Bilde das kostbare, mit Steinen gezierte Kreuz, welches es sonst am Halse trug, stehlen. Da lös'ten sich die hölzernen Arme, senkten sich herunter, und hielten die diebische Faust fest. So voll von Wundern ist die Kilianskirche.

Im Dome wurde ein Traueramt für den verstorbenen Dompfarrer gehalten. Er war ein Opfer seiner Pflichttreue geworden, hatte nämlich einer an einem scheußlichen Krebsübel leidenden Frau mit aller Sorgfalt das Sacrament gereicht, sich aber so über den Anblick entsetzt, daß er in die

Krankheit verfallen war, die seinem Leben ein Ende machte. Sein Tod erregte daher allgemeine Theilnahme.

Alle diese Kirchen, auch die Schloßkapelle, die ich besah, sind immer ungeheuer bunt, mit Goldschnitzwerk und Farbenaufwand aller Art verschwenderisch ausgestattet. Die Marienkapelle auf dem Markte ist gothisch. Die hat ein Bischof aus dem Hause Grumbach angefangen zu bauen, nichts destoweniger hat ihn sein Nachfolger, der den Bau vollendete, weil Jener ein böser Mensch gewesen, über der Hauptpforte der Kirche im Hautrelief anbringen lassen, wie ihn die Teufel in die Hölle schleppen.

Schade, daß das wahrhaft Königliche Schloß so unbenutzt dasteht. Der jetzige König hat als Kronprinz acht Jahre lang darin residirt, es war nach dem Ableben des Max Joseph zum Witwensitz der Königin bestimmt; die Zimmer sind prachtvoll ausgestattet, nun stehen sie öde und leer da. Die Königin Witwe ist einigemal da gewesen, ihre Gemächer sahen ganz wohnlich aus: das Bild von Max Joseph, die Bilder von ihren Kindern und Geschwistern sind überall angebracht; dazu eine kleine Handbibliothek, Vorrichtungen zum Zeichnen, weibliche Arbeiten u.s.w.

Auch der alte Max Joseph war auf seiner Flucht vor den Oestreichern im Jahre 1809 hier. Selbst in dieser Bedrängnis wich er nicht von seiner bürgerlichen Sitte, das Schlafgemach mit der Gemahlin zu theilen, ab; die beiden Lager stehen noch ganz verträglich bei einander.

Den Treppenaufgang sollten Sie sehen, der ist prächtig mit seiner kirchenhohen Decke, von Tiepolo gemalt (die 4 Jahreszeiten). Eben so pomphaft ist der hohe, Säulengetragene Kaisersaal, von Marmor, auch mit Malereien von Tiepolo. In diesem Schlosse gaben die Bischöfe von Würzburg den deutschen Kaisern, wenn sie zur Krönung nach Frankfurt reisten, Nachtlager und Bewirthung. An den Kaisersaal stoßen andre Prachtzimmer, darunter eins, glänzend wie aus einem Zauberpalast in Tausend und Einer Nacht von unzähligen Spiegeln, Glasgemälden, getriebener Goldarbeit, bunten Hölzern. Am Abend, beleuchtet, mit geputzter Gesellschaft darin, muß es eine magische Wirkung machen. – In mehreren hangen unschätzbare Pariser Gobelins, die Alexanderschlachten darstellend, von Ludwig XV. hergeschenkt.

Ein sonderbares Echo findet sich in den Cour- und Audienzsälen. Jedes Wort schallt wohl zwanzig mal nach. Das ließe sich nun an einem Orte, wo den Fürsten nur gehorsame Diener umstehen, noch natürlich finden, aber mit dem Nachhall verbindet sich ein höhnender lachender Ton, als wenn schadenfrohe Dämonen die Reden nachäfften. Das ist nun allerdings eine seltsame akustische Ironie, die übrigens der König selbst verschuldet hat, denn das Echo ist erst entstanden, seit er die Decken in jenen Sälen hat verändern lassen. [...]

Die Menschen sind frei, offen, von natürlicher Höflichkeit, die gute Meinung sieht ihnen aus den Augen. Straßenlang gehen sie mit dem unbekannten Fremden, um ihn zurecht zu weisen, und sind dann mit einem Kreuzer zufrieden, oder auch zufrieden, wenn sie nichts bekommen. Männer, die den höheren Ständen angehörten, traten zu mir heran, wenn ich betrachtend vor öffentlichen Gebäuden stand, und machten mich auf Dieses und Jenes aufmerksam.

Der Charakter Würzburgs ist ein sehr fröhlicher. Des Abends sitzen alle Stände untereinander vermischt in den Gärten um die Stadt, oder in kleinen räucherigen Kneipen, in deren eine ich auch hinabgerieth, und wo ich Regierungsräthe, Professoren und ganz geringe Leute an *einer* Tafel fand. Man hätte denken sollen, dieses Zimmer sei nur für elende Krätzer gedielt worden, und es wurde der delikateste Wein ausgeschenkt.

Sie sitzen wirklich der Opulenz im Schooße. Kornfelder im Ueberfluß, und daher ein Brod, so klar und kräftig, wie man es anderer Orte selten trifft; reichlicher Wiesenwachs für das Vieh, und folglich Butter, süß wie eine Nuß; unendliche Weinberge, und der Main von Fischen wimmelnd. Sie rühmen von dem Orte, daß man sich für 14 Kreuzer – etwa 4 sgr. – in gutem Braten satt essen und dazu eine Maaß Wein trinken könne. Charakteristisch ist es, daß der gemeine Mann nichts so verächtlich findet, als einen Branntweinsrausch, während sie in Betreff des Weins und des goldklaren, gewürzhaften bittern Bieres nicht so scrupulös sind.

Haben es nun solchergestalt die Gesunden voll auf, so ist von diesen mit rühmlichem Erbarmen auch für die Kranken und Armen gesorgt worden. Keine Stadt hat eine solche Menge von Anstalten für Darbende, Leidende und Gebrechliche, als Würzburg. Alle Augenblicke wird Einem ein Spital gezeigt. Aus dieser Blüthe schönen menschlichen Sinnes ist nun auch wieder die Blüthe der medizinischen Facultät bei der Universität hervorgegangen, weil jene dieser ein weites Feld pathologischer Betrachtung öffnete.

Die Krone aller dieser Anstalten ist das berühmte Julius-Spital, dessen lange architektonische Linien ich am Nachmittage durchwanderte. – Julius Echter von Wesselbaum (im Spessart), Bischof von Würzburg, stiftete es im Jahre 1576; das sagt Ihnen hier jedes Kind. Er hob zwei Frauenklöster auf, that zu deren Vermögen reichlich von dem seinigen hinzu, und gründete die Anstalt, die gegenwärtig 500 Pfründner und Kranke zu verpflegen im Stande ist. Die Pfründen sind für Arme gestiftet, die ihr Brod nicht mehr verdienen können. Um Pfründner zu werden, muß Einer aus dem Bisthum Würzburg gebürtig und katholisch sein, und nicht 5 Flor. jährlicher Einkünfte haben. Kranke aber werden ohne Unterschied der Religion und des Vaterlandes aufgenommen. Diesem mächtigen Institute sind nach und nach die Hörsäle der medicinischen Facultät und die Irrenanstalt accrescirt. Die unheilbaren Irren laufen bis auf wenige Tobsüchtige frei umher, und hacken oder sägen Holz, nur die heilbaren befinden sich hinter Schloß und Riegel. Wenn es mit der Tollheit bis auf einen bestimmten Punkt gekommen ist, so wird sie wieder unschädlich. Ein kleiner Schulmeister müßigte sich von seinem Holzblock ab, kam an mich heran und bettelte um Schnupftaback; als er denselben erhalten, hüpfte er mit scurrilen Sprüngen zu der verlassenen Säge zurück, an der sein Kamerad inzwischen feiernd gestanden und in wunderbar verdorbenen Tönen ein geistliches Lied gesungen hatte. Der Schulmeister war aus Liebe verrückt geworden. – Ein Rechtspracticant, der in einem *accès de fureur* seinen Landrichter geprügelt hatte, kriegte eine Handvoll kleiner Papierblättchen aus der Beinkleidertasche, und las mir eine Definition der Dämonomanie vor, zum Beweise, daß er gewiß bald als geheilt entlassen werden könne. Die Definition war ganz regelrecht, und dennoch war der Mann eingesperrt. – In einem kleinen Hofe ging eine bleiche Gestalt mit langem Barte unaufhörlich den engen Cirkelgang; wenn der Mensch bei mir vorbeikam, so sah er mich mit einem unaussprechlich höhnischen Blicke an und rümpfte die Nase. Obgleich ich nicht apprehensiv bin, so war mir diese regelmäßige Wiederkehr eines entsetzlichen Hohns doch zu schauderhaft; ich verließ den Ort und hörte, der Bleiche sei ein ehemaliger Arzt derselben Anstalt, übergeschnappt, weil er geglaubt, der König habe ihn nicht nach Verdienst befördert.

Doch genug! Verlassen wir diese unheimliche Region! – Der Abend ist so schön, ich bitte um Ihren Arm, Sie zur Nicolaus-Kapelle emporzuführen, von wo wir Stadt und Festung überschauen können. In die Festung, der Marienberg, lassen wir uns keinen Einlaßschein mit vielen Weitläufigkeiten geben; wir sehen da doch nur Kasernen und Soldaten, wie bei uns. Sie werden finden, das Bild hat viel Aehnlichkeit mit Coblenz und Ehrenbreitstein; die Festung, der Marienberg, hoch oben auf dem Felsen am linken Mainufer, am rechten die Stadt, auch in so ein Dreieck eingekeilt; selbst in der Form der Kirchthürme ist Aehnlichkeit; und rings um dieses Thal nichts als Weinberge! Da drüben am rechten

Ufer der lange Hügel, das ist der Stein! Allen Respect vor diesem Stein und seiner Gabe! Daneben bilden zwei Weingartenmauern die Form einer Harfe, dazwischen wächst der Harfenwein. Hier aber am Abhange des Festungsfelsens, der schmale Streifen, das ist der Leisten; diese Paar Morgen tragen allein den ächten Leistenwein, von dem die Flasche hier am Orte aus dem Schloßkeller 4 Flor. kostet. Den Leisten besitzt der Staat allein, am Stein participirt er mit den Spitälern und einigen Privatpersonen.

Die Lage ist recht sehr hübsch, aber nicht so außerordentlich, wie man sie uns gerühmt hatte. Fast immer findet man, daß die Natur die eigentlichen segentriefenden Gegenden nicht mit blendender Schönheit ausgestattet, und daß, wo diese waltet, nicht übermäßig viel für Küche und Keller zu holen ist. Die Natur hält mit großer Strenge das Nützliche und Schöne geschieden; nur die Menschen mühen sich immer ab, beide unvereinbare Gebiete wenigstens zusammen zu leimen.

Würzburg als literarischer Schauplatz erzählender Prosa

Jean Paul (Friedrich Richter)

Karl Leberecht Immermann hatte seine in Würzburg gewonnenen Eindrücke, unter anderem auch jene vom Besuch des Julius-Spitals, in seinem 1838/39 erschienenen Roman »Münchhausen« zum Erzählstoff umgewertet. Literarische Situationsschilderungen aus dem Tollhaus, für die das Julius-Spital Pate gestanden haben soll, finden sich jedoch schon früher in zwei berühmten Romanwerken, nämlich in Jean Pauls 1800 bis 1803 erschienenen »Titan« sowie in den 1804 veröffentlichten »Nachtwachen« des Bonaventura.

In dem Bildungs- und Erziehungsroman »Titan« des Jean Paul (i. e. Jean Paul Friedrich Richter, 1763-1825) ist es die Gestalt des Bibliothekars Schoppe, dessen Dasein im Tollhaus von Jean Paul tiefsinnig und ironisch zugleich geschildert wird. Schoppe ist es, der den Schlüssel zur Aufklärung des Helden Albano über dessen wahre Abkunft besitzt – und dafür manches Leiden unschuldig über sich ergehen lassen muß: eben deshalb der Aufenthalt im Tollhaus. Dort aber weiß sich der skurrile Schoppe seinem Ich in tragischer Weise nahe.

Das Tollhaus

[...] Kaum hatte Albano dem Irrhaus-Inspektor, einem jungen glatten rothen Männchen, seinen Namen, den dieser schon kannte, und sein Gesuch um Schoppe's Freiheit sammt seiner Bürgschaft für ihn bekannt gemacht: so lächelte der Inspektor ungemein vergnügt ihn an und sagte: »still beobacht' ich seit Jahren das ganze Haus – die kleinsten Züge hasch' ich für ein künftiges philosophisches Publikum; und so legt' ich's sehr ernsthaft auch auf Hrn. Schoppen an. Aber nie, mein Herr Graf, nie ertappt' ich ihn über einem Zuge, der Tollheit versprochen hätte; alle meine englischen und deutschen Werke darüber lieset er vielmehr und bespricht sich mit mir über die Heilanstalten in Irrenanstalten.

Ein Fichtianer kann er seyn (aus seinem Ich schließ' ich's) und ein Humorist auch; ist nun aber eines von beiden schon schwer von Verrückung zu trennen, wie viel mehr ihre Einigung! Mit welcher Freude über das Zusammentreffen unserer Beobachtungen ich Ihnen hier den Schlüssel zu seiner Stube gebe, das denken Sie sich selber!« – »Wenn er kein Narr ist (sagte seine Frau), warum zerschlägt er denn alle Spiegel?« »Eben darum (versetzte der Inspektor); ist er aber einer, so ist dein Mann ein noch größerer.«

Keine Thür öffnete Albano je beklommener als die zu Schoppens kleinem Zimmerchen. »Ich hole dich ab, mein Bruder«, rief er sogleich, um sich und ihm Schamröthe zu ersparen; aber als er den alten Löwen näher sah, fand er ihn in dieser Fanggrube ganz verwandelt, nicht zahm, kriechend, wedelnd, aber entzweigeschlagen und mit zerbrochnen Tatzen auf die Erde gedrückt; – die Anklage des Mords, die er rechtschaffen eingeräumt, verbunden mit Gaspards unbarmherziger Verurtheilung, hatten seine stolze freie Brust mit giftiger Scham gefüllt und zerfressen. »Es geht mir hier wohl, nur verspür' ich mich unpaß«, sagte Schoppe mit glanzlosem Auge und tonloser Stimme. Albano konnte die Thränen nicht verbergen, er schlang sich um den Kranken und sagte: »großmüthiger Mensch, du gabst mir einst in meiner Krankheit Genesung und Heil zurück und ich wußte es nicht und dankte dir nicht, gehe mit mir, ich muß dich in der deinigen pflegen, dich heilen und trösten, wie ich kann, dann reisen wir.«

»Glaubst du, mein Kriton, (versetzte er, durch den Balsam seines wunden Stolzes gestärkt) daß ich etwan kein Sokrates bin, sondern wirklich herausgehe aus meinem *torre del filosofo?* Ein Ehrenwort ist eine dicke Kette.« – »Erzähle mir alles, verschone niemand; aber ich sage dir darauf eine Neuigkeit, an der sogleich deine Kette schmilzt«, sagte Albano.

»Ei! – Indessen ist der Ort hier seines Orts gut genug, wie gesagt ein *torre del filosofo, quai de Voltaire* und *Shakespeare's*

Streat und wie man sonst sagen mag und soll – Auch hör' ich immer Nachts einen oder den andern Mann neben mir an sprechen; und so fürcht' ich gar nicht, daß der Ich kommt. Ich werfe täglich fünf Brodkügelchen; bilden sie ein Kreuz, so bedeutet es – denke was du willst – daß ich mir noch nicht erscheine – Sie machen aber immer eines. Ich bin hier in diesem Anticyra über so manches Wahnbild so beruhigt worden – auch durch jene Bücher – sieh sie an, lauter Traktate über den Wahnsinn – daß ich, wenn's auch meinen Mordian* eben so wenig ansteckt wie mich, gern hier gewesen seyn will. Mein Umgang ist freilich nicht ohne Gefahr, es ist das Inspektorats-Ehepaar (ein Reim), die beide das hiesige Kerkerfieber tüchtig weghaben. Der Mann hat sich – und dadurch der Frau – die fixe Idee in den Kopf gesetzt, er sei unser zeitiger Inspektor und habe aufzuhelfen, aufzusehen und treffliche Bücher zu lesen, die in sein Amt einschlagen – jene Traktate sind vom Narren – Vermuthlich hat er draußen in der Stadt seine Inspektorats-Idee zu breit vorgukken lassen, und das medizinische Kollegium steckte ihn mit seiner brauchbaren Idee herein, weil sie am Ende doch jeder Inspektor zum Amthiren haben muß, er sei toll oder nicht. Unter allen hier im Hause gefallen wir uns beide am meisten. Er sondirte mich zu meinem Vortheil; und ich kann ihn sehr brauchen zur Freiheit, nur greif' ich seinen faulen fixen Fleck nicht an. Blos einen Abendsegen – weil sie kein Gebetbuch haben – improvisir' ich oft beiden vor und flechte in den Segen Winke, die kurmäßig für das Paar seyn könnten, wenn's wollte. So wandeln wir beide in den Irrgängen dieses Irrgartens vor den Pazienten vorbei – hinter ihm, dem unheilbaren Hub von allen, geh' ich ganz tolerant – im Kränzchen herrscht allgemeine Polemik und Skepsis wie in keinem andern Universitätsgebäude – – Es ist zum Tollwerden, sagt er leise zu mir; es ist zum Tollseyn, sagt man in diesem

* Jean Pauls Hund

Palais d'égalité, versetz' ich – Ich schneide ihm die Pazienten in Schatten aus für sein Manuskript – Wie die Kinder noch etwas haben, das ihnen selber kindisch vorkommt, so haben die Tollen etwas, das ihnen selber toll erscheint – Deutlicher aber werd' ich ihm nie und halte schärfern Spaß an mich. Ach was ist der Mensch, zumal ein gescheidter, und wie dünn sind seine Stecken und Stäbe! [...]

Bonaventura

Hinter den »Nachtwachen« des Bonaventura verbirgt sich eine pseudonymisierte Autorschaft, als deren Urheber nach neueren Forschungen Ernst August Friedrich Klingemann, Friedrich Gottlob Wetzel oder auch Gotthilf Heinrich Schubert genannt werden. Der romantisch-ironische, im Bereich des Phantastischen wie Philosophischen angesiedelte Roman ist 1804 erschienen. Es sind die ›Nachtseiten‹ einer kranken, an ihrer (überzogenen) Vernunft zugrundegehenden Welt – ein allgemeines Irrenhaus –, die dem Nachtwächter den Hintergrund für seine Berichte aus dem Spital geben. An dieser Welt selbst irre, reflektiert er sein Dasein und jenes seiner Umgebung im Irrenhaus.

Nachtwache

[...] Es freut mich daß ich in den vielen Dornen meines Lebens doch wenigstens *eine* blühende volle Rose fand; sie war zwar so von den Stacheln umschlungen, daß ich sie nur mit blutiger Hand und entblättert hervorziehen konnte; doch aber pflückte ich sie, und ihr sterbender Duft tat mir wohl. Diesen einen Wonnemonat unter den übrigen Winter- und Herbstmonden verlebte ich – im Tollhause. –

Die Menschheit organisiert sich gerade nach Art einer Zwiebel, und schiebt immer eine Hülse in die andere bis zur kleinsten, worin der Mensch selbst denn ganz winzig steckt. So baut sie in den großen Himmelstempel an dessen Kuppel die Welten als wunderheilige Hieroglyphen schweben, kleinere Tempel mit kleinern Kuppeln und nachgeäfften Sternen, und in diese wieder noch kleinere Kapellen und Tabernakel, bis sie zuletzt das Allerheiligste ganz en miniature wie in einen Ring eingefaßt hat, da es doch ringsum groß und mächtig um Berge und Wälder schwebt, und in der glänzenden Hostie, der Sonne, am Himmel emporgehoben wird, daß die Völker davor niederfallen. In die allgemeine Weltreligion, die die Natur mit tausend Schriftzeichen geoffenbart hat, schachtelt sie wieder kleinere Volks- und Stammreligionen für Juden, Heiden, Türken und Christen; ja die letztern haben auch daran nicht genug, sondern schachteln sich noch von neuem ein. – Ebenso ist es mit dem allgemeinen Irrhause, aus dessen Fenstern so viele Köpfe schauen, teils mit partiellem, teils mit totalem Wahnsinne; auch in dieses sind noch kleinere Tollhäuser für besondere Narren hineingebaut. In eins von diesen kleinern brachten sie mich jetzt aus dem großen, vermutlich weil sie dieses für zu stark besetzt hielten. Ich fand es indes hier gerade wie dort; ja fast noch besser, weil die fixe Idee der mit mir eingesperrten Narren meistens eine angenehme war.

Ich kann meine Mitnarren nicht besser darstellen, als wenn ich gerade den Augenblick wähle, wo ich sie dem besuchenden Arzte vorführen mußte, was dann und wann geschah, weil mich der Aufseher des Instituts meiner unschädlichen Narrheit halber zum Vize- und Unteraufseher ernannt hatte. Ich tat es das letzte Mal unter folgender Rede:

»Herr Doktor *Oehlmann*, oder Olearius – wie Sie denn Ihren Namen vor Dissertationen und Programmen, durch eine tote Sprache in die Unsterblichkeit übersetzen – wir laborieren zwar alle mehr oder minder an fixen Ideen; nicht nur einzelne Individuen, sondern ganze Gemeinheiten und Fakultäten, von denen z.B. viele der letzteren neben dem

Vertriebe der Weisheit auch einem bloßen Huthandel obliegen, wodurch sie sogar nicht weise Häupter, bloß vermöge des leichten Aufdrückens eines solchen Hutes aus ihrer Fabrik in weise umzusetzen glauben; ja ihn oft selbst auf einen bloßen Rumpf schlagen und so scheinbar Philosophen bilden, weil die Gesichter der letzteren vor übergroßem Spekulieren sich ohnedies gewöhnlich tief unter die Hutkrempe zu verkriechen pflegen. – Ich habe der vielen Beispiele halber, die sich hier meinem Gedächtnisse aufdrängen, den Faden des Perioden verloren, und reiße ihn lieber ganz ab, um von neuem anzuheben.«

Oehlmann schüttelte hier seinen Doktorhut, wie wenn er daran zweifelte, daß man dem meinigen eine Doublette von diesem erhandelten Exemplare jemals verabfolgen lassen würde.

»Sie schütteln«, fuhr ich fort, »weil mich der Himmel bloß zu einem Narren kreiert hat, und nicht späterhin der Kaiser zum Doktor? Doch beseitigen wir das für jetzt noch und reden von meiner Tollheit und den Mitteln ihr abzuhelfen, lieber zuletzt.

Hier No. 1. ist ein Beleg zur Humanität, der mehr als alle Schriften darüber gilt; ich kann nie an ihm vorübergehen, ohne mich an die größten Helden der Vorzeit, einen Curtius, Coriolan, Regulus und dergleichen zu erinnern. Sein Wahnsinn besteht darin, die Menschheit zu hoch und sich selbst zu niedrig anzuschlagen; deshalb behält er, im Gegensatze schlechter Poeten, alle Flüssigkeiten bei sich, weil er befürchtet durch ihre Freilassung eine allgemeine Sündflut herbeizuführen. Ich ergrimme oft, wenn ich ihn betrachte, darüber, daß ich sein eingebildetes Vermögen nicht in der Tat besitze – wahrlich ich tät's, ich nähme die Erde als meinen pot de chambre in die Hand, daß alle Doktoren untergingen, und nur ihre Hüte in Menge oben schwämmen. Es ist ein großer Gedanke – der arme Teufel faßt ihn nicht, denn sehn Sie nur wie er da steht und sich quält, und den Atem zurückhält, bloß aus reiner Menschenliebe, und wenn wir ihm jetzt von dieser Seite nicht Luft verschaffen, so ist er des Todes. Mein recipe sind Feuersbrünste, ausgetrocknete Ströme mit stillstehenden Mühlen und vielen Hungrigen und Durstigen an den Ufern. Eine Radikalkur, denke ich, soll die Hölle des Dante abgeben, durch die ich ihn jetzt alle Tage führe, und die er zu verlöschen sich ernstlich vorgesetzt hat. – Seines ursprünglichen Handwerks nach, soll er ein Poet gewesen sein, der seine Flüssigkeiten in keinen Buchladen ableiten konnte. –

No. 2 und 3 sind philosophische Gegenfüßler, ein Idealist und ein Realist; jener laboriert an einer gläsernen Brust, und dieser an einem gläsernen Gesäße, weshalb er sein Ich niemals setzt, was jenem eine Kleinigkeit ist, ob er gleich dagegen die moralische Anschauung vermeidet, und darum die Brust sorgfältig bedeckt.

No. 4. sitzt hier bloß deswegen weil er in der Bildung um ein halbes Jahrhundert zu weit vorausgeschritten ist; es wandeln noch einige von der Art frei herum, die man aber, wie billig, alle auch für toll hält.

No. 5. hielt zu verständige und verständliche Reden, deshalb haben sie ihn hieher geschickt.

No. 6. ist aus der Verrücktheit, den Scherz eines Großen als Ernst zu nehmen, verrückt geworden.

No. 7. hat sein Gehirn versengt, dadurch daß er sich zu hoch in die Poesie verstieg, und

No. 8 dadurch, daß er bei vernünftigen Tagen es mit der Rührung in seinen Komödien zu übermäßig betrieb, seine Vernunft gänzlich weggeschwemmt. Jener glaubt jetzt als Flamme zu brennen, so wie im Gegenteile dieser als Wasser dahinfließt. Ich habe dann und wann versucht die widerstreitenden Elemente durch einen gegenseitigen Kampf zu verzehren, aber das Feuer fiel dann so heftig über das Wasser her, daß ich

No. 9, der sich für den Weltschöpfer hält, herbeirufen mußte, um sie wieder voneinander zu scheiden.

Diese letzte Nummer hält oft höchst wunderliche Selbstgespräche, und Sie können jetzt eben einem zuhören, wenn Sie anders Geduld dazu haben.«

Monolog des wahnsinnigen Weltschöpfers

»Es ist ein wunderlich Ding hier in meiner Hand, und wenn ichs von Sekunde zu Sekunde, – was sie dort ein Jahrhundert heißen – durch das Vergrößerungsglas betrachte, so hat sich's immer toller auf der Kugel verwirrt, und ich weiß nicht ob ich darüber lachen oder mich ärgern soll – wenn beides sich nur überhaupt für mich schickte. Das Sonnenstäubchen, das daran herumkriecht, nennt sich Mensch; als ich es geschaffen hatte, sagte ich zwar der Sonderbarkeit wegen es sei gut – übereilt war das freilich, indes ich hatte nun einmal meine gute Laune, und alles Neue ist hier oben in der langen Ewigkeit willkommen, wo es gar keinen Zeitvertreib gibt. – Mit manchem was ich geschaffen, bin ich freilich noch jetzt zufrieden, so ergötzt mich die bunte Blumenwelt mit den Kindern die darunter spielen, und die fliegenden Blumen, die Schmetterlinge und Insekten, die sich als leichtsinnige Jugend von ihren Müttern trennten und doch zu ihnen zurückkehren um ihre Milch zu trinken und an der Mutter Brust zu schlummern und zu sterben.* – Aber dies winzige Stäubchen, dem ich einen lebendigen Atem einblies und es Mensch nannte, ärgert mich wohl hin und wieder mit seinem Fünkchen Gottheit, das ich ihm in der Übereilung anerschuf, und worüber es verrückt wurde. Ich hätte es gleich einsehen sollen, daß so wenig Gottheit nur zum Bösen führen müsse, denn die arme Kreatur weiß nicht mehr, wohin sie sich wenden soll, und die Ahnung von Gott, die sie in sich herumträgt, macht daß sie sich immer tiefer verwirret, ohne

* Irgendein Naturforscher stellt die Hypothese auf, daß die ersten Insekten nur Staubfäden an Pflanzen waren, die sich durch ein Ohngefähr von ihnen trennten.

jemals damit aufs reine zu kommen. In der einen Sekunde, die sie das goldene Zeitalter nannte, schnitzte sie Figuren lieblich anzuschauen und baute Häuserchen darüber, deren Trümmer man in der andern Sekunde anstaunte und als die Wohnung der Götter betrachtete. Dann betete sie die Sonne an, die ich ihr zur Erleuchtung anzündete und die, mit meiner Studierlampe verglichen, sich wie das Fünkchen zur Flamme verhält. Zuletzt – und das war das ärgste – dünkte sich das Stäubchen selbst Gott und bauete Systeme auf, worin es sich bewunderte. Beim Teufel! Ich hätte die Puppe ungeschnitzt lassen sollen! – Was soll ich nur mit ihr anfangen? – Hier oben sie in der Ewigkeit mit ihren Possen herumhüpfen lassen? – Das geht bei mir selbst nicht an; denn da sie sich dort unten schon mehr als zuviel langweilt und sich oft vergeblich bemüht in der kurzen Sekunde ihrer Existenz die Zeit sich zu vertreiben, wie müßte sie sich bei mir in der Ewigkeit, vor der ich oft selbst erschrecke, langweilen! Sie ganz und gar zu vernichten tut mir auch leid; denn der Staub träumt doch oft gar so angenehm von der Unsterblichkeit, und meint, eben weil er so etwas träume, müsse es ihm werden. – Was soll ich beginnen? Wahrlich hier steht mein Verstand selbst still! Lasse ich die Kreatur sterben und wieder sterben, und verwische jedesmal das Fünkchen Erinnerung an sich selbst, daß es von neuem auferstehe und umherwandle? Das wird mir auf die Länge auch langweilig, denn das Possenspiel immer und immer wiederholt, muß ermüden! – Am besten ich warte überhaupt mit der Entscheidung bis es mir einfällt einen Jüngsten Tag festzusetzen und mir ein klügerer Gedanke beikommt. –«

»Was das für ein verruchter Wahnsinn ist«, fiel ich ein, als Nro. 9 innehielt. »Wenn ein vernünftiger Mensch dergleichen vorbrächte, würde man es wahrlich konfiszieren.« –

Oehlmann schüttelte den Kopf und machte einige bedeutende Anmerkungen über Gemütskrankheiten überhaupt.

Der Weltschöpfer, der bei seiner Rede einen Kinderball in

der Hand hielt und jetzt mit ihm an zu spielen fing, fuhr nach einer Pause fort:

»Wie die Physiker sich jetzt über die veränderte Temperatur wundern, und neue Systeme darüber aufstellen werden. Ja diese Erschütterung bringt vielleicht Erdbeben und andere Erscheinungen zuwege, und es gibt ein weites Feld für die Teleologen. O das Sonnenstäubchen hat eine erstaunliche Vernunft, und bringt selbst in das Willkürlichste und Verworrenste etwas Systematisches; ja es lobt und preiset oft seinen Schöpfer eben deshalb weil es davon überrascht wurde daß er ebenso gescheut als es selbst sei. – Dann treibt es sich durcheinander und das Ameisenvolk bildet eine große Zusammenkunft und stellt sich fast an, als ob etwas darin abgehandelt würde. Lege ich jetzt mein Hörrohr an, so vernehme ich wirklich etwas und es summen von Kanzeln und Kathedern ernsthafte Reden über die weise Einrichtung in der Natur, wenn ich etwa den Ball spiele und dadurch ein paar Dutzend Länder und Städte untergehen und mehrere von den Ameisen zerschmettert werden, die sich ohnedas seitdem sie die Kuhpocken erfunden haben nur zu viel vermehren. O seit einer Sekunde sind sie so klug geworden, daß ich mich hier oben nicht schneuzen darf, ohne daß sie das Phänomen ernsthaft untersuchen. – Beim Teufel! da ist es fast ärgerlich Gott zu sein, wenn einen solch ein Volk bekrittelt! – Ich möchte den ganzen Ball zerdrücken!« –

»Sehen Sie nur, Herr Doktor«, fuhr ich fort als der Weltschöpfer endete, »wie grimmig der Kerl es auf die Welt angelegt hat; es ist fast gefährlich für uns andere Narren, daß wir den Titanen unter uns dulden müssen, denn er hat ebensogut sein konsequentes System wie Fichte, und nimmt es im Grunde mit dem Menschen noch geringer als dieser, der ihn nur von Himmel und Hölle abtrennt, dafür aber alles Klassische ringsumher in das kleine Ich, das jeder winzige Knabe ausrufen kann, wie in ein Taschenformat zusammendrängt. Jeder vermag jetzt aus der unbedeutenden Hülse, wie es ihm beliebt, ganze Kosmogonien, Theosophien, Weltgeschichten und dergleichen, samt den dazugehörigen Bilderchen herauszuziehen. Groß und herrlich ist das allerdings; wenn nur das Format nicht so klein wäre! – Schon Schlegel hat es sehr auf die kleinen Bilderchen abgesehen, und ich muß gestehen, daß mir eine große Iliade in Sedez herausgegeben, nimmer behagen will – das heißt den ganzen Olymp in eine Nußschale packen, und die Götter und Helden müssen sich entweder zum verjüngten Maßstabe bequemen, oder ohne Gnade das Genick brechen! –

Sie sehen mich an, Herr Doktor, und schütteln zum zweiten Male den Kopf! Ja, ja Sie haben es getroffen; das alles gehörte zu meiner Tollheit und im vernünftigen Zustande bin ich grade der entgegengesetzten Meinung!

Lassen Sie uns den Weltschöpfer verlassen! –

Hier Nro. 10 und 11 sind Belege zur Seelenwanderung; der erste bellt als Hund und diente ehmals am Hofe; der zweite hat sich aus einem Staatsbeamten in einen Wolf verwandelt. Man kommt auf eigene Gedanken bei ihnen.

Nro. 12, 13, 14, 15 und 16 sind Variationen über denselben Gassenhauer, die Liebe.

Nro. 17 hat sich über seine eigene Nase vertieft. Finden Sie das sonderbar? Ich nicht! Vertiefen sich doch oft ganze Fakultäten über einen einzigen Buchstaben, ob sie ihn für ein α oder ω nehmen sollen.

Nro. 18 ist ein Rechenmeister, der die letzte Zahl finden will.

Nro. 19 denkt über einen Diebstahl nach, den der Staat an ihm beging; – das darf er aber nur im Tollhause.

Nro. 20 ist endlich mein eigenes Narrenkämmerchen. Treten Sie immer herein und schauen Sie sich um, sind wir doch vor Gott alle gleich und laborieren bloß an verschiedenen fixen Ideen, wo nicht an einem totalen Wahnsinn, bloß mit kleinen Nuancen. – Das dort ist ein Sokrates-Kopf dem Sie die Weisheit, so wie jenem Skaramuz die Narrheit, an der Nase ansehen. Dies Manuskript enthält eigenhändige Parallelen von mir über beide, und ist zugunsten des Narren ausgefallen. – Nicht wahr der Fleck müßte kuriert werden? Es ist überhaupt die verstockteste Seite an mir daß ich alles Vernünftige abgeschmackt, so wie vice versa finde – ich kann mich der Grille gar nicht erwehren!

Oft zwar habe ich es versucht die Weisheit mit den Haaren an mich zu reißen, und habe deshalb privatim mit allen drei Brotfakultäten Umgang gepflogen, um mich demnächst öffentlich, nach einem kurzen akademischen Musenbeilager, als eine heilige Dreizahl zum Besten der Menschheit einsegnen zu lassen, und mit den drei übereinandergestülpten Doktorhüten einherzuschreiten. Oh, dachte ich bei mir selbst, könntest du dann nicht bloß durch leichten unbemerkbaren Hutwechsel als ein Proteus in praktischer und theoretischer Hinsicht umherwandeln! Über die kürzeste Heilungsmethode der Krankheiten in Dissertationen verkehren, und den Kranken selbst auf dem kürzesten Wege von seinem Übel entbinden! Den Sterbenden, nach rasch vertauschtem Hute, als Rechtsfreund umarmen und sein Haus bestellen, und endlich bloß durch übergeworfenen Mantel als Himmelsfreund ihm den rechten Weg zum Himmel zeigen. Wie in einer Fabrik durch verschiedene Maschinen, ließe sich auf diese Weise durch verschiedene Hüte ein Höchstes und Letztes erreichen. Und welch ein Überfluß an Weisheit und Gelde – eine erwünschte Kombination der beiden entgegengesetztesten Güter, eine höchste Idealisierung der Zentaurennatur im Menschen, wo das wohlgesättigte Tier unten den höhern Reiter keck einherstolzieren läßt. –

Doch ich fand bei näherer Ansicht alles eitel, und erkannte in aller dieser gepriesenen Weisheit zuletzt nichts anders als die Decke die über das Mosesantlitz des Lebens gehängt ist, damit es Gott nicht schaue.

Sie sehen wohin das führt, und es ist eben meine fixe Idee,

daß ich mich selbst für vernünftiger halte als die in Systemen deduzierte Vernunft, und für weiser als die dozierte Weisheit.

Ich möchte wahrlich mit Ihnen zu einer medizinischen Beratschlagung mich verbinden, bloß um zu überlegen, wie dieser meiner Narrheit beizukommen sei, und welche Mittel man dagegen anwenden könnte. Die Sache ist von Wichtigkeit, denn sagen Sie, wie kann man gegen Krankheiten sich auflehnen wollen, wenn man selbst, wie Sie wissen, mit dem Systeme nicht im reinen ist, ja wohl gar das für Krankheit hält, was höhere Gesundheit ist, und umgekehrt.

Ja, wer entscheidet es zuletzt, ob wir Narren hier in dem Irrhause meisterhafter irren, oder die Fakultisten in den Hörsälen? Ob vielleicht nicht gar Irrtum Wahrheit, Narrheit Weisheit, Tod Leben ist – wie man vernünftigerweise es dermalen gerade im Gegenteile nimmt! – O ich bin inkurabel, das sehe ich selbst ein.«

Der Doktor Oehlmann verordnete mir nach einigem Nachsinnen viele Bewegung und wenig oder gar kein Denken, weil er meinte, daß mein Wahnsinn, gerade wie bei andern eine Indigestion, durch zu häufigen physischen Genuß, durch übertriebene intellektuelle Schwelgerei entstanden sei. – Ich ließ ihn gehen! [...]

Leo Weismantel

In die Zeit der Bauernkriege und die persönliche Umgebung Tilman Riemenschneiders (1455/60-1531) führt der Franke Leo Weismantel (1888-1964) mit seinem Werk »Dill Riemenschneider. Der Roman seines Lebens« (1936). Der Bildschnitzer und Steinmetz, der Ratsherr, Bürgermeister und Mentor der Aufständischen im Bauernkrieg, der Mensch, Künstler und Politiker somit, wird vor Augen geführt, eingefangen in der Atmosphäre eines Würzburg in unruhiger Zeit.

[...] Um jene Zeit, da Meister Dill sein Haus einsam und verlassen fand, wenn er aufwachte aus den Gesichten seiner Bilder und dem Werken seiner Hände, nahm er ein drittes Weib, daß es ihm seinen Haushalt bestelle.

Das Weib drängte ihn, damit er nicht abirre in seinem Werk, unter die Menschen zu gehen, mehr in der Ratsstube zum Grünen Baum zu sitzen, als der Meister solches ohne Drängen tat. Und weil Meister Dills Ruf schon gar weit gedrungen war, begannen die Bürger seiner Stadt ihn so sehr zu ehren, daß sie ihn in den Rat der Stadt wählten. Der Ehre halber erst, und der Bischof und Herzog der Stadt bestätigte ihn.

Dann trugen sie ihm Ämter auf, die ihn nun viele Male von seinen Bildern fortführten ins Getriebe des gemeinen Volks.

Also machten sie ihn zum Bauherrn und bestellten ihn, die Festungswerke der Stadt zu untersuchen, die Türme und Tore. Und weil ein Wolkenbruch niedergegangen und der Main über seine Ufer getreten war, mußte Meister Dill der Zerstörung der wilden Wasser wehren, mußte mit den Baumeistern der Stadt planen und rechnen, und wenn die Gesellen kamen und frugen nach einem heiligen Bild, einem Altarwerk, schob er ihnen die alten Blätter zu, zeichnete mit raschen Strichen einen Entwurf hin auf Pergament und schob schon die Gesellen fort.

»Seht – danach schafft's. Ihr müßt's nun ohne mich auch schaffen!«

Sein eigen Werk und draußen die Pflicht des Ratsherrn zerrten ihn hin und her.

Sie machten ihn hernach zum Pfleger der Marienkapelle, und derweilen seine Gesellen Gerüste aufschlugen, wieder an einem der Pfeiler der Kirche eines der großen steinernen Bilder aufstellten, das in der Werkstatt fertiggeworden war, mußte der Meister selbst sich drinnen in der Kirche mit dem Organisten herumzerren.

Der Organist verweigerte seit etlichen Wochen den Dienst. Es war ihm der Sold zu gering, aber das sagte er nicht – er hatte allerlei Ausflüchte.

Und wenn der Gottesdienst begann und alles Volk versammelt war zur heiligen Feier, der Pfarrherr schon zum Altare schritt, mußten die Ministranten umherlaufen, den Organisten zu suchen, den Widerstrebenden herbeizerren, und oft mitten in der Kirche lief er wieder davon.

Da kam der Pfarrherr, da kam das Volk zu Meister Dill gelaufen, riß ihn von seinen Geschäften weg, daß der große Ratsherr hinter diesem ungehorsamen rebellischen Organisten herlaufe und ihn zur Ordnung bringe.

Er mußte ihn zerren bis vor den Rat der Stadt, und als sie ihn bedrängen wollten, sein Ungemach vorzutragen, warum er sich so benähme, polterte der Unehrfürchtige heraus:

Ei, seien die Zeiten denn danach, daß einem die Lust ankomme, Gottes Lob auf der Orgel zu spielen, wo alle Welt doch wisse, daß das heilige Evangelium gelästert werde! Ei, was solle er, der Organist, in die Kirche gehen und sich auf seinen Spielbock hocken, fänden's die Herren vom Rat doch auch nicht der Mühe wert, zum heiligen Dienst zu gehen, hockten während der Sonntagspredigt im Grünen Baum und tränken ihren Schoppen.

Da machten die Ratsherren dumme Gesichter, und Dill, der Meister, schlug vor, dem Organisten den Sold zu erhöhen, daß er auch einen Schoppen trinken könne; doch solle er die Erhöhung des Soldes immer erst ausgezahlt erhalten, wenn er seinen Dienst hinter sich hatte.

Und unwillig ging Meister Dill hinweg.

Da kamen seine Gesellen und sagten, die Herren vom Rat zu Rothenburg seien wieder da, wollten zum Dritten einen Altar – eine Kreuzigung des Herrn.

Noch saß Meister Dill in der einsamen Stunde des Abends

vor seinen Entwürfen, schloß die Augen mit seinen Händen, daß ihm das innere Gesicht des Gekreuzigten erscheine; die trauernden Frauen zur Linken, zur Rechten der Hauptmann und seine Knechte.

Da pochte es.

Es kamen Diener des Rats, den Meister noch in die Schenke zum Grünen Baum zu holen.

Meister Dill war Steuerherr der Stadt geworden. Am Schenktisch zum Grünen Baum hatten sie sich gezankt wegen der Geistlichen und auch der Adeligen, die von fremd her zugezogen waren und keine Steuern der Stadt zahlen wollten, denn in alten Verschreibungen stünde geschrieben, die Geistlichen und Adeligen seien steuerfrei zu Würzburg in der Stadt.

»Steuerfrei – steuerfrei!« schrien die einen, das seien die uralt Eingesessenen, mitnichten die Hereingewanderten! Mitnichten jene, die als Adelige oder als Domherren das Geld zusammenscharrten, sich in Würzburg Häuser zu kaufen und die wieder zu vermieten, die Mietschuld einzutreiben, sich selbst aber um die Steuer zu drücken. Sie haderten bis tief in die Nacht.

Wenn Dill Riemenschneider nach Hause kam, sah er das halbvollendete Werk der Kreuzigung des Herrn, sah zur Linken die trauernden Frauen, sah zur Rechten den Hauptmann mit seinen Knechten, und sie standen in die Schauer der Stunde versenkt.

Und des andern Morgens, wenn der Meister an die Bildnisse trat, daran zu werken, da kamen die Stadtknechte und riefen ihn fort.

Meister Dill hatte einen Prozeß angefangen für die Stadt, es durch Gerichtsentscheid – durch das Gericht des Herzogs und Bischofs zu erzwingen, daß die zugewanderten Geistlichen und Adeligen, die da zu Würzburg Güter kauften und Häuser und sich von den Steuern drückten, Steuern zahlen mußten wie jeder Bürger der Stadt.

»Ei«, haderten die einen, »verklagt Ihr den Teufel bei seiner Großmutter und die Pfaffen bei ihrem Bischof!«

Das Genörgel ging durch Tag und Mond und Jahr, bis der Meister es erzwungen hatte. Da riß er den Entscheid des richterlichen Spruchs, sein Recht auf seiten der Stadt.

Hernach machten die Würzburger ihn zu ihrem Bürgermeister.

*

Immer mehr des Trubels wogte um ihn, und in seiner Seele wurde es einsam.

Es war sein drittes Eheweib gestorben. Da, in der Unrast seines Herzens, nahm er ein viertes Eheweib zu sich.

Es war das Jahr eintausendfünfhundertundvierundzwanzig herangekommen.

Das Amt des Bürgermeisters war wieder in andern Händen, doch saß Meister Dill noch im Oberen Rat, und seine Stimme wog schwer.

Wenn er kam, dann sprach er nicht laut hadernd wie die andern, sondern ruhig und bestimmt, als fälle er einen richterlichen Spruch.

Da wurde es still in der Versammlung des Rats, denn sie spürten, dieser da diente einem ewigen Reich, nicht ihren Händeln der Welt.

Aber es war ihm ein Grausen gekommen über die Händel der Welt, und er suchte sie zu fliehen. Gewiß sagte er viele Male zu seinem Eheweib:

»Ist das Amtsjahr um, mögen sie einen andern wählen zum Rat.«

Die vom Kloster Maidbronn waren bei ihm gewesen, letzten Sommer, die wollten ein steinern Bild für ihren Altar. Darauf sollte zu sehen sein, wie Nikodemus und die Seinen den Leib Christi des Herrn vom Kreuz genommen hatten.

Da mied Meister Dill die lauten Geschäfte der Stadt und schloß sich in seine Werkstatt ein und schlug dieses Altarbild aus Stein.

Dort stand Nikodemus – Nikodemus, der Zweifler, der Dennoch-Sucher –, ach, der sich heimlich zum Herrn geschlagen hatte, ihn nach der Wahrheit zu fragen.

Und wenn die alternde Ehefrau in die Werkstatt kam und sah das neue Bild, und die Gesellen traten hinzu – so wurden sie scheu:

War dieser Nikodemus, der selbst so scheu und zaghaft dorten stand – mitten im grauenvollen Geschehen dieser Stunde stand –, war dies nicht Meister Dill selber? Und hielt in seinen Händen die heiligen Salben, als wollte er damit die Qual noch lindern diesem gemarterten Leib, als wollte er der Verwesung Einhalt gebieten an diesem heiligen Leib.

Stand wie ein Gläubiger, ein Verzweifelnder, und hielt die Salben in den Händen.

Dort auf den Boden hingelegt lag schon der Leib, halb aufgestützt, und Maria, die Mutter, griff mit der einen Hand nach ihres toten Sohnes durchbohrter, von Wunden zerfetzten andern Hand. Seht – wie diese Hände ineinanderlagen!

Meister Dill strich mit seinen Händen an diesen steinernen Händen hin, an diesem welken, toten Arm, in den noch keine Starre gekommen war. – Wohl war er tot – doch biegsam noch, und die Finger fielen nach der Schwere und lagen in Mutter Mariens zart kosender, erschauernder Hand.

Dill lehnte sich an den Stein und drückte seine Wange auf diese Hand und schloß die Augen und suchte die Hand mit dem Mund, bis er sie fand im Stein.

Dann griff er von neuem nach dem Hammer und schälte weiter vom Wunder dieser Liebe aus dem Stein.

Draußen pochte es am Tor.

Wie? – Wer war das?

Meister Dill kam verwirrt an die Tür. – Ein Bote von Maidbronn. Wann das Standbild fertig sei?

»Laßt mir's den Winter bis auf Ostern ins Frühjahr, dann sollt ihr's haben.«

Wie? Noch ein anderer Bote sei dagewesen?

Der Meister Dill sollte in den Grünen Baum.

»Was haben sie schon wieder?«

»Wißt Ihr es nicht? Der Pfeiferhans von Niklashausen, der Rebell von Anno 1476, kommt wieder! Das Feuer glimmt unter der Asche im ganzen Land.«

Kam der Meister Dill in den Grünen Baum, fand er unter den Ratsherren einen sitzen, einen wandernden Sänger, einen verwegenen, einen Luderburschen, hätte der Meister denken können. In dem Gesicht war etwas von lichtscheuem Gesindel.

Der schlug die Laute und sang in das heimliche Geraune der Ratsherren Lieder von der Aufrichtung des neuen Evangeliums.

»He! – Ihr seid Meister Dill?« rief der Bänkelsänger zu dem Ratsherrn hinüber an den Tisch und setzte sich zu ihm – griff nach seinem Becher Wein:

»Auf dein Wohl, christlicher Bruder Dill!« und trank aus Dills Becher.

Und da der Meister ihn verwundert ob dieser Frechheit ansah, tat der Geselle, als ob dies so sein müsse fortan, und rief:

»Ei, Meister Dill, Bruder in Christo, ist nicht auch den Aposteln untereinander alles gemeinsam gewesen? Hab' ich keinen Wein, aber du hast Wein, ist dein Wein auch mir geschenkt, denn was du hast, soll dein Bruder nicht entbehren! – spricht Christ der Herr. Also gilt es, das reine Evangelium aufzurichten.«

»Du verstehst das reine Evangelium auszulegen!« sagte mißtrauisch der Meister Dill, »du bist Bermeter, von dem die Leute reden in der Stadt! Du läufst umher und schaffst Unruh!«

»Das habt Ihr von den Pfaffen gehört, Meister Dill!« sagte Bermeter, »denn die andern sagen, ich wirke für das heilige Reich und die Bruderschaft in Christo.«

»Sie haben dich schon einmal wie einen Dieb gefangen,

fast wärst du schon einmal am Galgen gebaumelt, geht das Gerede!« sagte Meister Dill.

»Das habt Ihr von den Pfaffen gehört, denn die sagen, ich sei ein Dieb. Ich aber sage dir, Meister Dill, es steht geschrieben im reinen Evangelium: Was du hast, soll dein Bruder nicht entbehren! – Und da ich entbehrte, was andere haben, hab' ich mir's genommen. Die aber sagen, ich wäre ein Dieb, die widerstreben dem heiligen Evangelium, und also, Meister Dill, sag' ich dir, es ist ein Prophet aufgestanden, ein Heiliger in Thüringen, der sagt: ›Erwürgen sollt ihr all die, die dem Evangelium widerstreben! Erwürgen sollt ihr sie ohne alle Gnade, wie Hiskias, Josias, Cyrus, Daniel und Elias die Pfaffen Baals getötet haben!‹ – Nicht anders mag die christliche Kirche zu ihrem Ursprung zurückkehren.«

Trank den Becher Meister Dills aus, nahm seine Laute und schritt zum Nachbartisch, setzte sich dort auf die Kante, überschlug die Beine und begann zu pfeifen.

»Ein neues Lied, ihr Herren – doch eh' ich es beginne, will ich dem Bruder in Christo, dem Ratsherrn eurer Stadt, dem Meister Dill, also sagen, was Martin Luther, die Nachtigall von Wittenberg, verkündet hat. Denn seht, euer Meister Dill hat für tausend Goldgulden das Bild des Gekreuzigten für die Kirche zu Wittenberg geschnitzt. Also aber singt die Wittenberger Nachtigall:

›Gebt nit mehr Geld zu Tafeln und für Kirchen, denn es wär' besser, daß man alle Kirchen und Stift in der Welt auswurzele und zu Pulver verbrennete, denn Gott hat von Kirchen nichts geboten.‹

Und also zum zweiten verkündet der Heilige von Thüringen, Thomas Münzer, und auch sein Knecht Carlstadt:

›Gott hat gesagt, ihr sollt euch nicht erbarmen der Abgöttischen! Zerbrecht ihre Altäre, zerschmeißt ihre Bilder und verbrennt sie, auf daß ich nicht mit euch zürne!‹«

Griff zur Seite, griff das Glas eines der Herren vom Rat und trank es aus.

»Ein andermal mein Liedchen, meine Herren!« – warf die Gitarre auf den Rücken und ging mit großen Schritten aus der Schenkstube zum Grünen Baum.

Doch drinnen hockten die Ratsherren und erzählten sich: – »Die Trommel geht um, am See, im Schwarzwald und ganz nah im Odenwald. Dort läuft ein Wirt umher, hat an einer Stange einen Bauernschuh, die trägt er um – hat eine Trommel vor dem Bauch hängen und trommelt darauf zu und schreit: ›Zu uns komme dein Reich!‹«

Ob's auch nach Würzburg kommt, der Stadt?

Da ging die Tür noch einmal auf, und Bermeter steckte sein Spitzbubengesicht herein:

»Und kommt das Reich, ihr Herren – wo werdet ihr stehen? Bald gehen die Engel durch das Land, denn die Tage kommen, von denen geschrieben ist in der Geheimen Offenbarung Johannis – ›Die Engel sind ausgesandt, zu scheiden den Weizen von der Spreu, das eine zu sammeln in die Scheuer, das andere ins Feuer zu werfen.‹ – Wo werden die Engel euch finden? Bei den Pfaffen, den verdammten, bei den Herren und aller verfluchten Obrigkeit, die die Aufrichtung des Evangeliums verwehrt, oder bei der Bruderschaft der frommen Bauern, die elend leiden und deren Zorn der Herr ergreift als einen Blitz, den wirft er nieder über die Feste der Marienburg, denn nah, ihr Herren vom Rat, ist die Stunde des Gerichts.« [...]

Jakob Wassermann

In die Zeit des ersten Viertels des 17. Jahrhunderts, rund einhundert Jahre nach der von Leo Weismantel veranschaulichten Epoche, ist Jakob Wassermanns 1926 erstmals veröffentlichte Erzählung »Der Aufruhr um den Junker Ernst« verlegt. Wassermann (1873-1934), ein geborener Franke, hat in diesem späten Werk die beklemmenden Auswüchse des Hexen- und Zauberwahns in Würz-

burg zur Zeit des Dreißigjährigen Kriegs vorgeführt. Er schildert die Gestalt des Würzburger Bischofs Philipp Adolph, der sich in Widerstreit befindet mit seinen wohlwollenden, schutzbesorgten Empfindungen für seinen Neffen, den Junker Ernst von Ehrenberg, und der gleichzeitigen Notwendigkeit, dessen freimütigen, ahnungslosen, in der Auffassung der Kirche ketzerischen, vom Teufel eingegebenen Äußerungen öffentlich zu verurteilen. Die Sympathie für den bei dem Würzburger Volk ob seiner Erzählkunst so beliebten Junker Ernst geht so weit, daß es ihn aus der Kerkerhaft gewaltsam befreit und so den von der Hinrichtung Bedrohten seinem Schicksal entziehen kann. In die Erzählung ist auch die Gestalt des Jesuiten und Gegners der Ketzerverfolgung Friedrich Spee von Langenfeld einbezogen, der sich zu jener Zeit in Würzburg aufhielt. Mit diesem Werk hat Wassermann seiner mainfränkischen Heimat, die er nur in der Kindheit erlebte, ein Denkmal gesetzt. Der Gestalt des Junkers Ernst hat Wassermann autobiographische Züge verliehen.

Aufruhr um den Junker Ernst

[...] Die Nachricht von der Einkerkerung des Junkers von Ehrenberg war nach Verlauf von drei Tagen im ganzen Bistum und weit darüber hinaus bekannt geworden. Trotzdem der Pater Gropp den ihm unterstellten Geistlichen verboten hatte, etwas davon verlauten zu lassen, wußte man bereits am folgenden Morgen das Geschehene in den entferntesten Teilen der Stadt, und da die Kunde im Schloß nicht geblieben war, konnten ihr auch die Stadtmauern und -tore kein Hindernis entgegensetzen, sie eilte von Dorf zu Dorf, von Weiler zu Weiler, von Bezirk zu Bezirk, von Siedlung zu Siedlung, mainauf- und mainabwärts, nach Norden und nach Süden, und wie durch einen geschwinden und geregelten Botendienst wurde sie nach Frickenhausen und Rinderfeld so gut wie nach Scheinfeld und Ludwigsbad getragen, in die

Spessarteinöden wie in die Weinberge bei Kitzingen. Man erzählte sichs in den Schenken, auf den Märkten, in den Schrannen, in den Kirchen, die Fuhrleute auf den Landstraßen teilten es einander im Vorbeifahren mit, die Bauern beim Mähen auf den Wiesen, die Weinheger beim Binden, die Landsknechte an den Lagerfeuern, die Bettler, Zigeuner, Mönche und wandernden Scholaren boten es als Gegengabe für Almosen. Die alten Leute schüttelten kummervoll den Kopf, was konnte an dem edlen Junker Teuflisches gewesen sein, da sie nur von der Freude wußten, die von ihm ausgegangen war. Der Würzburger Magistrat erhielt vom Hauptmann einer Räuberbande im Odenwald einen lateinisch geschriebenen Brief, worin die sofortige Freilassung des Junkers gefordert wurde, andernfalls sollte die Stadt angezündet werden. Das alles war aber nur wie oberes Gekräusel im Vergleich zu der Bewegung in den Gemütern der Jugend, der Kinder. Die Tausende und Tausende in den zahllosen Orten, die ihn gesehen und in wohlbereiteten Stunden seinen Geschichten gelauscht hatten, konnten ihn nicht vergessen, er war mit ihrem ganzen Denken eins, er erschien ihnen wie ein leibhaftiger Feiertag, etwas, wovon man lang vorher und lang nachher spricht und was einen glücklich macht. Der Junker, das Wort hatte in manchem Mund einen Ton von Zärtlichkeit, den vielleicht das übrige Leben nie wieder aufklingen ließ, den Ausdruck einer Erwartung, der sich eben nur dies eine Mal und bei dem einen Menschen erfüllte. Warum hätten sie dem schönen Traum nicht dankbar sein sollen, den er in ihr Herz gepflanzt hatte wie eine zauberische Blume in ein sandiges Stück Erdreich, warum hätten sie ihn nicht herbeiwünschen sollen, da er sie lehrte, das Wunderbare zu benennen und das Trübselige zu vergessen? Als es ruchbar wurde, der geliebt Ersehnte schmachte in Ketten in der Münze zu Würzburg, flutete zunächst ein schauriger Schrecken durch die jungen Seelen, wie wenn es plötzlich am hellen Mittag Nacht geworden, mitten im Sommer der

Mainstrom gefroren wäre. Aber noch war kein Wille da, kein aufwallender Geist, trotzdem sich da und dort die Betroffenen zusammenrotteten und die Ältesten scheu einander fragten, was zu tun sei, denn nichts zu unternehmen und still sich fügen, dünkte ihnen unerträglich. Der Anstoß zum Handeln kam jedoch bald und riß sie unwiderstehlich mit.

Der Bruder Felician hatte gegen die Präzeptoren der Alumnen geplaudert, Peter Mayer hatte das Gespräch belauscht. Während seine Kameraden in mutloser Bestürzung verharrten, war er gleich von Anfang an zu tätigem Eingreifen entschlossen, und da er sich ohnedies im Alumnat unglücklich fühlte, benutzte er einen unbewachten Augenblick, um zu fliehen. Bei der Heiligengeistkirche traf er den Silberhans und teilte ihm aufgeregt seine Wissenschaft mit. Der Silberhans, der nur auf eine Gelegenheit paßte, seinem müßigen Herumstrolchen ein Ende zu machen, wußte den Studiosus Barger und den Rotgerber Batsch in der Stadt, und während er mit denen seine Verabredungen traf und gemeinsam mit ihnen für die Ausbreitung der Kunde sorgte, entwischte Peter Mayer aus dem Heidingsfelder Tor und versammelte seine Freunde in den Dörfern der Kitzinger Gegend um sich. Sechzehn Stunden lang war er unterwegs. Die Flamme, einmal gelegt, lief hurtig weiter. Die Kinder des einen Dorfes verständigten sich mit denen des andern, von einer kleinen Stadt zur nächsten wurden Beschlüsse gemeldet, am Donnerstag vor Peter und Paul stand es bereits fest, der Junker müsse befreit werden. Wir wollen den Junker wieder haben, hieß es, wollen ihn aus dem Kerker holen, das Wie und Wann wurde einstweilen nicht erörtert, doch brachten Zuläufer aus Würzburg in Zwischenräumen von Stunden geheime Befehle, die auf unbegreiflich schnelle Weise durch die ganze Landschaft flogen. Am Freitag und am Samstag begaben sich zahlreiche Scharen vor das Ehrenberger Schloß, standen stundenlang im Hof, schauten an den Mauern hinauf, tuschelten und raunten miteinander, am

Abend riefen sie den Namen des Junkers, wie um sich zu überzeugen, daß er nicht da war, wenn sie keine Antwort erhielten. In der Nacht zum Sonntag, wo das Schloß in Flammen stand, kamen sie zu vielen Hunderten, Kinder von Bauern, Holzknechten, Hirten, auch ein Dutzend Gesellen von der Karlstädter und Ochsenfurter Innung hielten Kriegsrat beim Schein der Feuersbrunst, einer, ein gewisser Göbeling, redete laut und feurig, dann zogen sie allesamt auf Würzburg zu, weithin beleuchtet von der brennenden Burg und den ganzen nächtlichen Weg entlang aufrührerische Lieder singend. Niemand wußte, von wo das Gerücht ausgegangen war, aber es war kund geworden, der Junker solle am Freitag Mariae Heimsuchung, zu Mitternacht, vom Leben zum Tod gebracht werden, so wurde der Freitag für den Hauptstreich bestimmt, um die Sonnenuntergangszeit sollte der Junker aus dem Gefängnis befreit werden. Inzwischen waren auch die Würzburger Kinder gewonnen worden, sie stellten einen großen Anhang, und oft waren die am eifrigsten bei der Sache, die nur vom Hörensagen wußten, was es mit dem Junker auf sich hatte. Der Marienberg mit seinen unwegsamen Hängen und Schroffen war das Standquartier der Abgesandten und Vorausgeeilten aus dem Gau, sie hatten in den gefährlichen Plan Ordnung, in die wirren Haufen der stündlich neu Zuströmenden Zucht zu bringen. Am Fuß des Festungsbergs war eine verborgene Mauertür, der Posten dortselbst, seit Jahren der nämliche, ein krummer Invalide, der in einem Wachhäuschen wohnte, wurde vom Rotgerber Batsch und vom Dominik Eisenbeiß, einem Zimmermannslehrling, jeden Abend besoffen gemacht, dann kamen die Verschworenen, die sich vorher sorgfältig am Fluß und in den Weinbergen versteckt gehalten, unter der Führung der älteren, sechzehn- und siebzehnjährigen Burschen, dunkel unabsehbar angerückt.

Wunder genug, daß das wühlerische Treiben, Versammlung und Auflauf allenthalben, so wenig in der Stadt bemerkt wurde. Es war schwerlich der dabei geübten Vorsicht allein zuzuschreiben, die allgemeine Ratlosigkeit und Verstörung hatte großen Teil daran, und daß kein Verrat geschah, hatte seinen Grund sowohl in der verzweifelten Taubheit und Blindheit, von der die Bürgerschaft geschlagen war wie auch in der stummen elementaren Flutung des jugendlichen Ansturms. Viele Zeichen erregten freilich Verwunderung, es wurde herumgefragt, es wurden Warnungen laut, aber niemand konnte Genaues sagen, und niemand hatte Lust, ein Unheil zu verhüten, von dem man nicht wußte, nach welcher Seite es drohte, im Gegenteil, die meisten wünschten, es möge was Furchtbares geschehen, da ihr Geist der quälenden Angst müde war. Dazu kamen die Gerüchte aus dem bischöflichen Palast, einige sagten, der Bischof sei nun selber besessen, der Pater Gropp bemühe sich, ihn mit Beschwörungen aus Satans Klauen zu reißen, andere erzählten, die Freifrau von Ehrenberg habe ihm die schwere Krankheit angehext, andere wollten erfahren haben, der Erzherr von Mainz habe gegen das grausame Wüten des Amtsbruders ein Breve erlassen und die Dinge würden sich nun zum Bessern wenden. In all dem Gerede steckte Wahres, der Bischof war wirklich krank, er lag in seinem Veitshöchheimer Sommersitz, das kalte Fieber warf ihn herum wie einen Ball. Die Bezichtigung der Freifrau, hatte sie ihn auch nicht zur Einsicht gebracht, so hatte sie doch seinen Sinn unheilbar verwirrt, mit Schaudern sah er sich in den mystisch rauchenden Abgrund gewirbelt, von bleichem Schrecken erfüllt dieselben Argumente gegen sich gekehrt, dieselben Verdachtsmerkmale auf sein Tun angewendet, mittelst welcher er Jammer und Aberjammer auf seine Untertanen gehäuft. Um Luzifers Macht zu brechen, das wohl, aber dabei war der stille Vorbehalt gewesen, daß seine eigene Person wider die höllischen Versuchungen gefeit sei. War das nicht der Fall, so war er verloren, nichts konnte ihn retten, und während er sich stöhnend auf seinem Lager wälzte, schickte er bald Gebete zum

Himmel, bald rief er den Namen des Junkers; in Fieberbildern mit ihm sprechend, rechnete er sichs hoch zum Verdienst an, daß er ihn vor der Folterung bewahrt, trotzdem ihn alles dazu verlockt, höllisch verlockt, wie er von Reuegeistern bedrängt kleinmütig zugab. Welchen Ursprungs war denn die Liebe, die er zu dem Knaben gehegt, daß er all sein Geld und Gut und vielleicht noch das Seelenheil für eine Zärtlichkeit hingegeben hätte, zugleich aber mit der grausig-geilen Lust, den Körper zu vernichten, der ihm solche Gefühle einflößte? Höllischen Ursprungs, das litt keinen Zweifel, so war er verworfen und durfte nicht mehr vom Richtersitz her verdammen. Er ließ den Secretarius Baumgarten kommen, befahl, daß alle wegen Hexerei und Zauberei Angeschuldigten zu entlassen seien, und unterschrieb das Dokument, das für den Pater Gropp bestimmt war, mit zitternder Hand. Der Pater traute seinen Augen nicht, als er es las. Von einem Tag zum andern das Hexengefängnis leeren, das bedeutete, alle Dämonen des Luftreichs entfesseln, die mühsam gesäuberte obere Welt der untern zur Beute vorwerfen, ein herrliches Werk war um seinen Ruhm, um seine Frucht gebracht, die Christenheit war in Gefahr. Er weigerte sich, den Befehl auszuführen, namentlich, was den Junker von Ehrenberg betraf, der ihm wie eine Art Kernsubstanz teuflischen Wesens erschien, wollte er von Ledigsprechung nichts wissen, sondern gab im Gegenteil den heimlichen Auftrag, den Knaben, obschon er ungeständig, in der folgenden Nacht, wie es ja längst bestimmt war, mit dem Schwert zu richten. Zur gleichen Stunde schickte er einen Boten an den Bischof und ersuchte um seine Beurlaubung zur Rückkehr ins Collegium, in der zuversichtlichen Erwartung, daß der Bischof ihn nicht entbehren könne und nicht werde ziehen lassen. Seine Bestürzung war groß, als die Antwort eintraf, in welcher ihm der Bischof den Abschied gewährte.

Die Heimlichkeit des Exekutionsbefehls nützte dem Pater

nichts, der Secretarius Baumgarten, der dem Jesuiten feindlich gesinnt war, hielt sich nicht zum Schweigen verpflichtet, und obwohl das Urteil als Bestätigung eines schon gefällten Spruchs nichts Überraschendes enthielt, wirkte es durch die Kraft letzter Unumstößlichkeit wie eine aufreizende Fanfare. Endlich erwachten auch die Bürger und das geringe Volk aus der Erstarrung, viele erfuhren von der Verschwörung zugunsten des Junkers, aber sie wagten sich selber nicht zu rühren, der Druck, unter dem sie so lang gekeucht, hatte sie feig gemacht, sie schlossen sich in ihre Häuser ein und warteten, was geschehen solle. Am Freitagnachmittag um vier Uhr begann das große Hereinströmen der Kinder durch die Stadttore, die Wachen standen mit offenen Mäulern da, die Offiziere wußten nicht, wie sie sich verhalten sollten, eh die erbetene Ordre vom Kommandanten kam, war die zudringende Menge nicht mehr zu stauen. Vom Steinberg wogten sie herunter, vom Marienberg wimmelte es ameisenhaft herab, blaue grüne rote Fähnchen flatterten in der Sonne, Stimmengetöse wie von einem millionenfach verstärkten Grillenkonzert erschütterte die Luft. Beim Aschaffenburger Tor wollte die Wache die Zugbrücke aufwinden, in das Gerassel der Ketten hinein schallte das entsetzliche Angstgeschrei der Kinder, fünfzehn oder zwanzig stürzten in den Graben und ertranken, ein aus der Stadt kommender Reiteroffizier geriet in Zorn über das Verbrechen der Torwache und hieb mit dem Säbel unter sie, die Brücke wurde wieder herabgelassen, da man, wie der entrüstete Hauptmann zu verstehen gab, die Kinder doch nicht als erobernde Feinde betrachten und, wenn sie auch Feindliches im Sinn hatten, sich ihrer nicht durch solche heimtückische Tat erwehren dürfte. Aber die Nachricht von dem Geschehnis fand erbitterte Verbreitung, es verlautete, Hunderte seien im Stadtgraben ersäuft worden, und der Ungestüm der Eindringlinge hatte keinen Zügel mehr. Um fünf Uhr war die Menge ins Unübersehbare gewachsen. Es ist wie Ungeziefer, wie Heuschreckenschwarm, drückte sich der ratlose Bürgermeister gegen seine Amtsgenossen aus. Vor der Pfarrkirche, auf dem Domplatz, vor der Neumünsterkirche war das Gedränge derart, daß man über die Köpfe hätte gehen können, um sechs Uhr begann es von allen Kirchen Sturm zu läuten, die Stadtsoldaten zogen auf, die Schloßwache blies Alarm, auf dem Marktplatz formierten sich Bürgerwehren, ein paar Dutzend schüchterne Männlein, die nicht wußten, was sie sollten. Etwas vor sieben Uhr marschierten durch die Katharinengasse die Zöglinge einer Prämonstratenser-Klosterschule nach Hause, Knaben und Mägdlein von fünf, sechs, sieben Jahren, sie waren bei einer Feier gewesen, kamen vom Käppele, der Wallfahrtskirche am Marienberg, vorn schritten drei Musikanten mit zwei Posaunen und einer Zinke, dann Paar um Paar die Schüler mit ihren Lehrern, dann wieder drei Musikanten mit Geigen, darauf die Mädchen mit Blumenkränzen auf den Haaren, Blumensträußen in den Händen und die Gebetbücher unter den Armen. In kürzerer Zeit als man braucht, um ein Vaterunser aufzusagen, war das wandernde Idyll von den daherflutenden Haufen zerrissen und verschluckt, mitgeschwemmt durch die Gassenschluchten, an deren beiden Seiten sich die Bewohner aus allen Fenstern lehnten, in stummer Neugier und Bangigkeit, Namen wurden gerufen, manche erkannten ihre Söhne, Töchter, Enkel im Gewühl, Gesichter reckten sich empor, lachend, drohend, spottend, es war ein nichtendendes Wogen von blonden, braunen, schwarzen Zöpfen und Schöpfen, aus den Nebengassen wälzten sich immer neue Massen herzu, da sind die Dettelbacher, hieß es, da die Obernbreiter, die Ippesheimer, die Mainbernheimer, die Ochsenfurter, die Rimparer, die Zeller, die Karlstädter, die Retzbacher, die Volkacher, die Marktbreiter, oder es schallte dem einen und andern verdienstvollen Führer entgegen: Grüß Gott, Hans Christoph, grüß Gott, Metzgerschorsch, heiho Imsinger Diebold; wo sich die bewaffneten Knechte blicken ließen, wurden sie mit ihren Hellebarden einfach fortgespült, die Salvaguardi des Bischofs vermochten so wenig auszurichten wie der Zug von Dominikanermönchen, der mit erhobenen Armen und einem vorgetragenen Kruzifix den Eingang zum Juliusplatz versperren wollte. Die ganze Menge trieb wie von selbst gegen die Münze hin.

Dort, auf dem mäßig großen Halbrund, das uralte Häuser zurücktretend bildeten, hatten sich schon zwischen sieben und acht Uhr ein paar Hundert Aufrührer eingefunden, und als die Zeit vorrückte, verlangten die Kühnsten Zutritt zum Gefängnis, ein Vermessen, das die drei würfelspielenden und pfeifenrauchenden Wächter mit verächtlicher Lache beantworteten. Auf ihr eindringlicheres Fordern drohten sie, ihnen die Köpfe einzuschlagen, aber da kamen schon aus allen Richtungen und Gassenzeilen Haufen der Verbündeten, die Wächter erschraken, begriffen nicht, was im Zuge war und schlossen eilig das Tor. Wütendes Geschrei brandete an den schwarzen Mauern empor, wurde aufgenommen, erneut und wiederholt von den geteilten Armeen, die sich nun in eine einzige zusammenknäulten. Es wurden tausend, es wurden zweitausend, es wurden fünf- und achttausend, und noch immer waren die Gassen, so weit man sehen konnte, voll von den halbwüchsigen Gestalten. Die Vordersten hatten Steine aufgelesen und schleuderten sie gegen die Fenster, daß eine Viertelstunde lang nur helles Glasgesplitter zu hören war, andere rissen Pflöcke aus den Zäunen und fingen an, das Tor zu rammen, der Studiosus Barger, ein vagabundierender Malergesell namens Koselick und Peter Mayer übernahmen den Oberbefehl, die Gitterstäbe an den erdgeschössigen Fenstern wurden ausgebrochen, es gab kein Halten und kein Hindernis, die zahllosen schwachen Arme vereinigten sich zur Kraft von Riesen, das Eichentor hielt nicht stand, die Wachmannschaft ergriff die Flucht, wenige Minuten nachdem es acht Uhr vom Domturm geschlagen, ergoß sich die erregte Menge unter ohrenbetäubendem Stimmengetöse, Jubelgebrüll und Triumphgesängen in das verödete Haus, schob und wälzte sich in alle Gänge aller Stockwerke und ein tausendfacher Schrei: Der Junker! Der Junker! widertönte von den Gewölben. Peter Mayer, überall vornedran, machte die Zelle ausfindig, in der der Junker gefangen saß, er herrschte den Wärter um den Schlüssel an, schon war der Batsch an seiner einen, der Silberhans an seiner andern Seite, sie hoben ihre Pistolen gegen den Zaudernden, dreißig, vierzig Burschen hämmerten mit Knütteln an die Zellentür, der Silberhans drängte sich mit dem Schlüssel durch, die schwere Tür flog auf, da stand der Junker, blaß, still, unendlich erstaunt, hinter ihm der Pater Spe, aber die Eindringenden sahen bloß ihren Geliebten, stürzten auf ihn zu, zwei ergriffen ihn und hoben ihn auf ihre Schultern, die andern vollführten einen ausgelassenen Freudentanz, wir haben ihn, wir haben ihn, jauchzte es durch die Flure, über die Stiegen, sie trugen ihn wie aus dem Grab heraus in den leuchtenden Abend und wurden unterm Tor von einer die ganze Atmosphäre erschütternden Jubelsalve von den ungeduldig Harrenden empfangen, die so dicht standen wie Gras auf der Wiese. [...]

Leonhard Frank

Der in Würzburg geborene Leonhard Frank (1882-1961) hat mit dem Roman »Die Räuberbande« (1914), fortgesetzt im »Ochsenfurter Männerquartett«, Würzburg ebenfalls ein Denkmal gesetzt, und zwar ein besonders eindrucksvolles, ist doch hier wie in kaum einer anderen erzählerischen Darstellung die Stadt Würzburg in breiter Ausführlichkeit literarischer Schauplatz. Die Schilderung der Machenschaften einer miteinander verschworenen Schülerbande ist eingebettet in sorgsam beobachtete und zutreffend erdachte Details Würzburger Lebens, angesiedelt im ersten Jahrzehnt unseres Jahrhunderts.

[...] An einem schönen Sommernachmittag stieg Oldshatterhand mit seiner Schwester und noch einem jungen Mädchen die vielen hundert Staffeln hinauf zum Würzburger »Käppele«, an der Leidensgeschichte Christi vorbei, die, von der Gefangennahme bis zur Kreuzigung, in zwölf Stationen plastisch dargestellt, Sinnbild und Ausklang der frommen, gotischen Stadt Würzburg im Tale ist.

Bürger, Bauern aus der Umgegend, alte Weiber, Rosenkränze in die dürren Hände verschlungen, knieten auf den Stufen und bewegten die Lippen im Gebet. Viele Kranke waren darunter, Katarrhalische, Schwindsüchtige, die Gesundheit erbeteten, und kleine Kinder, die den Herrgott um Vergebung ihrer Sünden baten.

Früh um drei Uhr hatten sie das erste Vaterunser auf der untersten Stufe gebetet, waren kniend auf die zweite Stufe geklettert, auch diese abbetend, und weiter, Stufe für Stufe, bis zur ersten Station, wo drei Vaterunser gebetet werden mußten. Immer auf den Knien rutschend, beteten sie Stufe um Stufe, Station für Station hinter sich, bis gegen Abend das ersehnte Ziel, der Gipfel, wo Christus am hohen Kreuze hängt, endlich erreicht war und sie ohnmachtnahe am Kreuzesfuß zusammensanken.

Jedoch die frommen Mönche waren barmherzige Samariter, hatten eine Hausapotheke und halfen den Büßern wieder auf die Beine, so daß sie doch noch dem Hochamt in der kleinen Kuppelkirche beiwohnen konnten. Und man sah nur verklärte Gesichter, denn die Büßer wußten, daß für den langen, bitterschweren Betgang auf den Knien durch Staub und Hitze der liebe Gott im Himmel ihre Bitte um Hilfe erfüllen werde.

Die beiden Geschwister und das Mädchen stiegen an den betenden Gläubigen vorbei, bis zum Marienfuß. Das Mädchen probierte ihren Fuß in die Höhlung, von der es hieß, daß die heilige Maria hier einen Augenblick gerastet habe, worauf ihr Fuß in den harten Stein wie in Butter eingesunken sei.

Sie lächelte Oldshatterhand zu und sprang weiter, legte den Finger an die Lippen und wies auf ein kniendes uraltes Bauernweiblein, das sich vorsichtig umsah und, eine Stufe unterschlagend, gleich auf die nächste Stufe rutschte.

Die drei verhielten sich reglos und beobachteten, daß die Bäuerin den Vaterunser-Diebstahl unter größter Vorsicht noch öfter beging.

Vor der siebenten Station – ein nackter, muskulöser Landsknecht mit Speer und Schamtuch preßt dem verschimpfierten Jesus die Dornenkrone aufs Haupt – stellte die Schwester auf einen Stups Oldshatterhands hin die Freundin vor: »Lenchen Leisegang«.

Sie verneigte sich ernst. Sie war vögelchenzart, aschblond und hatte ihr schönes, hellgelbes Sonntagskleid an.

Helene, dachte Oldshatterhand, verglich sie mit einer jungen Birke und dachte darüber nach, ob er verliebt sei.

Sie waren auf dem »Käppele« angelangt. Rund um die Kirche herum klebten die Verkaufsbuden, wo Kerzen zu haben waren, nicht dicker und länger als ein Kinderfinger, bis zu Kerzen so dick wie ein Männerschenkel und zwei Meter hoch. Diese waren mit blutenden Muttergottesherzen aus Papier geschmückt. Wer Geld genug hatte, konnte eine solche Prächtige erhandeln und sie der Kirche opfern.

Es gab alle Sorten Rosenkränze, Limonade, Spieldosen, Weihrauchpyramiden, Wachsstöcke, Nürnberger Lebkuchen, Christusse, Amulette und heilige Josephsringe aus Zinn für zehn Pfennige. Auch ein Schnäpschen war zu haben.

Langbärtige Mönche mit klappernden Sandalen schritten durch die verstaubte Menge.

Aus der gedrängt vollen Kirche tönte das silberne Klingeln der Ministranten. Alle Menschen fielen auf die Knie. Das Gebetsgemurmel erklang.

Die Kerzenweiber schlugen das Kreuz mit der einen Hand, mit der andern nahmen sie den Kaufpreis entgegen und stritten sich verzweifelt mit den Bauern herum, welche die kleinen Kerzen nicht kaufen wollten, für die prächtigen Riesenkerzen nur den halben Preis boten, lange feilschten, um sie dann zufrieden der heiligen Muttergottes darzubringen.

Die zwei Mädchen und Oldshatterhand standen vor einer Bude, wo an Schnüren kleine Arme hingen, Beine, Herzen, Ohren, Hände – aus Wachs, die man seinem Schutzheiligen opfern mußte, damit das kranke Bein, das Ohr, das Herz gesund werde.

»Soll ich mir ein Wachsärmchen kaufen?« fragte die Schwester. Sie hatte einen vom Knochenfraß steif gebliebenen Arm. »Es könnt ja nix schad. Vielleicht hilft's.«

»Ich glaub nit, daß es was hilft«, sagte Oldshatterhand.

Das blonde Mädchen lachte ihn an, errötete und drehte sich fliegend auf dem Absatz herum.

»Ich kann von hier Wiesbaden sehn«, sagte neben ihr ein kleiner Junge zu seinem Kameraden.

»Wo? ... Wo denn?«

Er zeigte hinunter ins blaue Tal, durch das der sonnengoldene Main zog. »Siehst du nit ... wie s' – baden ... im Fluß?«

»So ein dummer Kerl«, sagte Lenchen Leisegang ärgerlich. Sie hatte ebenfalls Wiesbaden gesucht.

Da trat die Menge, »Gelobt sei Jesus Christus« murmelnd, zur Seite. [...]

Leonhard Franks Roman »Links wo das Herz sitzt« (1952) ist zugleich Autobiographie. Dieses Werk muß in engem Zusammenhang mit der »Räuberbande« gesehen werden. Frank schildert auch seine nach vielen Jahren der Emigration erwartungsvolle Rückkehr in die Heimatstadt Würzburg, die aber eine Enttäuschung wurde.

[...] Michael hatte zum Lob und Preis der Stadt Würzburg drei Romane geschrieben, die in allen europäischen Sprachen erschienen sind. Stöße von Briefen an ihn, Briefe aus allen Ländern Europas, bezeugten, daß tausende Fremde, veranlaßt durch die Lektüre dieser Romane, nach Würzburg gekommen waren, um zu sehen, was sie gelesen hatten. In Würzburg schien man nicht zur Kenntnis nehmen zu wollen, daß durch die entsetzlichste Schandtat der Menschheitsgeschichte, verübt durch das Naziregime, sechs Millionen Juden das Leben in Gaskammern und Öfen verloren hatten, als Michael den vierten Roman mit Würzburg als Schauplatz zu schreiben begann. Jeder Leser in Würzburg konnte nach der Lektüre der ›Jünger Jesu‹ wissen, wenn er guten Willens war, daß in diesem Roman nicht Würzburg und die Würzburger gebrandmarkt sind, sondern die bluttriefenden Untiere des Naziregimes. Sie zu brandmarken, und sonst niemand, war Michaels Gewissensaufgabe gewesen, ganz gleich, welche deutsche Stadt er als Schauplatz gewählt haben würde.

Der unwürdige Empfang in der Heimatstadt würde Michael, der seine Würzburger kannte, nicht gestört haben. Was ihn erbitterte, war der beschämende Mut, daß man angesichts der Weltschuld des Naziregimes, dessen Sturmführer und Gauleiter auch in Würzburg gewütet hatten, überhaupt jemand seinesgleichen zu beschuldigen wagte, ganz gleich, wer dieser Jemand sei. Die menschliche Kleinheit, die sich gegen Menschen seinesgleichen zum Richter aufwarf, mit den Augen im Hinterkopf, war es, die Michael den Aufenthalt in der Heimatstadt vergällte.

Vor der Abreise lud Michael die einstigen Mitglieder der ›Räuberbande‹ – sie lebten alle noch – zu einem Zechgelage, das sich sehen lassen konnte. Sie tauschten mit Michael Erinnerungen aus, weinfroh und zwischendurch wehmütig. Michael staunte über die Trinkfestigkeit der Räuber, die noch respektabel aufrecht saßen, als schon Dutzende geleerter Bocksbeutel auf dem runden Tische standen. Erst als sie an die kalte Nachtluft kamen, wurden sie ein Grüppchen schwankender Zecher und konnten sich nur noch aneinander auf den Beinen halten, wie Boxer, wenn sie groggy sind. Aber der Bleiche Kapitän, einstmals Häuptling der Räuberbande und nun ein Mann mit Riesenbauch und Glatze, bugsierte seine Leute, kühn wie vor fünfundfünfzig Jahren, wieder einmal unversehrt aus dem gefährlichen Abenteuer heraus.

Charlott und Michael wählten München als Wohnsitz. Michael arbeitete weiter an diesem Bericht seines Lebens. Zwischendurch las er Korrekturen zur Neuauflage seiner Bücher, die nun auch wieder in deutscher Sprache erschienen. Im Mai 1952 vollendete Michael den Roman ›Links wo das Herz ist‹.

In einer stillen Nacht blickte Michael zurück auf sein Leben. Er sitzt in der letzten Bank, ein verängstigter Knabe, den der Lehrer Dürr nicht mehr aufruft, da aus dem Schwachkopf ja sowieso nie etwas werden würde. Er grübelt jahrelang am Schraubstock darüber nach, was er werden könnte, und kommt als junger Schlosser ins Münchener Café Stephanie, das seine Universität wird. Nach acht Hungerjahren schreibt er in Berlin ›Die Räuberbande‹, seinen ersten Roman, in dem er auch den Lehrer Dürr, den Seelenmörder, schildert. Die Vorstellung, daß einem Menschen der Kopf abgeschlagen wird, peinigt ihn seit Jahren. Er schreibt ›Die Ursache‹, das Buch gegen die Todesstrafe, in dem der Lehrer Dürr ermordet wird. Er hat sich mit der ›Räuberbande‹ und der ›Ursache‹ freigeschrieben von den psychischen Ungeheuern, die ihm von diesem Erzieher mitgegeben worden waren auf den Weg ins Leben.

Er ist gegen den Krieg, emigriert in die Schweiz und schreibt ein Buch gegen den Krieg: ›Der Mensch ist gut‹. Er arbeitet jeden Tag, wie der Arbeiter, Buch nach Buch erscheint, während er als erfolgreicher Mann bewußt die wunderbaren Jahre in Berlin erlebt, das zwischen 1925 und 1930 die Weltstadt der Weltstädte war. Er läßt 1933 wieder alles zurück, emigriert zum zweitenmal und schreibt ein Buch gegen den Nationalsozialismus: ›Die Jünger Jesu‹.

Sein Leben war das eines kämpfenden deutschen Romanschriftstellers in der geschichtlich stürmischen ersten Hälfte des zwanzigsten Jahrhunderts. Seine Bücher sind Bildnisse seines Innern. Er hat sich von Jugend an um Dinge gekümmert, die ihn nichts angingen, und ist der Meinung, daß Menschen, die das nicht tun, die Achtung vor sich selbst verlieren müssen; daß sie moralisch Selbstmord begehen. [...]

Kindheit in Würzburg

Max Dauthendey

Kindheit in Würzburg ist in literarischer Form kaum eindrucksvoller beschrieben worden als durch Max Dauthendey (1867-1918). Seine Erinnerungen an die frühen Lebensjahre in Würzburg sind eng mit der Gestalt seines Vaters verbunden, der schon früh seine Frau und Mutter seiner Kinder verloren hatte. Auf Max Dauthendeys Sonntagsspaziergängen mit seinem Vater verbanden sich für den Knaben intensiv die Erzählungen des Vaters mit den persönlich erfahrenen Eindrücken von der Stadt. Einfühlsam hat Dauthendey diese Zeit in seinem Buch »Der Geist meines Vaters. Aufzeichnungen aus einem begrabenen Jahrhundert« (1912) in die Erinnerung zurückgerufen.

[...] Um sechs Uhr morgens traten wir gewöhnlich schon die Spaziergänge an, und in den frühsonnigen Straßen, in denen noch alles schlief, begegneten wir nur den Milchwagen, den Bäcker- und Metzgerburschen und einigen frommen katholischen Kirchgängern, die bereits aus der Frühmesse kamen, in die sie schon um fünf Uhr gegangen waren.

Man muß sich dazu das Bild der alten sauberen fränkischen Stadt Würzburg vergegenwärtigen. Die Straßen sind vom Samstagabend her blank gekehrt, und die Morgensonne liegt weit gedehnt auf unserm Weg, auf der Theaterstraße und auf dem Residenzplatz. Die Schaufenster sind alle geschlossen. Kein Wagen fährt noch, und Trambahnen gab es nicht zu meiner Knabenzeit.

Aus der neumodischen Kaiserstraße, in der wir wohnten, und die das geschäftstätige neunzehnte Jahrhundert in ihren Häusergesichtern zeigte, kamen wir in die Theaterstraße, in welcher die Rokokobauten vorherrschen. Und wir wandelten an den reizvollen geschweiften Türen und Treppen des achtzehnten Jahrhunderts entlang und kamen an zwei großen Standbildern von Heiligen vorbei, die damals den Eingang in die Eichhornstraße schmückten. Sie trugen die bewegte Linie des achtzehnten Jahrhunderts zur Schau, jener Zeit, die den Faltenwurf der Gewänder ein wenig theatralisch behandelte. Man vergaß beim Anblick dieser Standbilder, daß sie aus Stein waren. Man glaubte den Wind in den Gewändern rauschen zu hören. Die beiden Heiligen waren in Größe und Darstellung den zehn Heiligenbildern ähnlich, die heute noch die Brückenpfeiler der alten Mainbrücke prächtig schmücken.

Weiter im Morgen sah ich zur linken Hand das lange, schlichte und schmucklose Haus des Spitals »Zum heiligen Geist«, einen mittelalterlichen, ernsten, ehrwürdigen Bau, der nach der Theaterstraße hin nur eine einfache Wand mit zwei Reihen Fenstern zeigt. Vor den meisten Fensterscheiben stehen dort im Sommer altmodische Blumen in Töpfen, rote Geranien, getreulicher Efeu und vielleicht dazwischen ein Rosenstock.

Hinter den Scheiben wohnen alte arme Würzburger Bürger, siebzig- und achtzigjährige Leute, die im Spital, außer ihrer Kammer und ihrer einfachen Kost, täglich ihren Schoppen Wein von der berühmten Heiligengeistkellerei der Stadt Würzburg erhalten.

In der frühen Morgenstunde öffnet hie und da ein weißhaariger Alter sein Fenster und füttert die Tauben, die vom altbraunen Ziegeldach des Bürgerspitals herunterflattern und pickend und gurrend in dichter Schar auf dem menschenleeren Pflaster sich's wohl sein lassen.

Dann am Theatergebäude entlang, das auch ein alter fürstbischöflicher Bau ist, und mehr einem Stiftshaus als einem Theater ähnelt, leuchtet in der Ferne, über dem gepflasterten Residenzplatz im Morgenlicht, silbrigblau das Dach des ungeheuren und herrlichen Residenzschlosses, das das größte und schönste Schloß in Deutschland ist.

Und hinter dem Schloß, draußen vor der Stadt, am Ende

des Rennweges, hinter dem großen Schloßpark mit seinen Terrassen, seinen Rokokolauben, Freitreppen und seinen Ulmengängen auf hohen Wällen, lagen in dem Ringpark, welcher an Stelle der früheren geschleiften Festungswerke der Stadt Würzburg entstanden ist, ganz im Tau die hohen Wiesen, besät mit gelbem Löwenzahn und weißen Margaretenblumen.

Immer, wenn ich an diesen Morgenweg jener längst vergangenen Sonntage denke, sehe ich unter den weiß- und rosablühenden wilden Kastanienbäumen, unter feingefiederten und süßduftenden schlanken Akazien und bei üppigen breitblättrigen lila- und weißblühenden Fliederbüschen, jene blankgrünen Wiesen wieder, auf denen unter der lieblichen und keuschen Morgensonne ein Gewoge von Blumenkelchen glänzte.

In die Taufrische des Morgens regnete das Morgenlicht in die Laubgänge, und da war eine Wiese, die sich weithin sanft senkte, und in deren Mitte heute noch ein mächtiges weißsteinernes Bild eines prächtigen Herkules steht, der, mit dem Löwenfell umgürtet, hochaufgerichtet, die sausende Keule schwingt, um die neunköpfige nemeische Schlange, die sich zu seinen Füßen ringelt, zu zerschmettern.

Diese liebliche, sich so fraulich und minniglich gebärdende blühende Wiese, auf welcher fußhoher, warmblauer Salbei seine Stengel zwischen den weißen Margaretenblumen reckte, voll nickendem rosa Türkenklee und umtönt vom Arbeitsgesumm der Bienen, die im frühesten Morgen zu singen schienen –, diese Wiese stach mit ihrem Frieden stark ab von der Kampfarbeit des steinernen Herkules, der die Manneskraft, den Mannesmut und die Mannesmühe mit seiner drohenden Gebärde, hoch über den Blumen stehend, verkörperte.

Noch ein paar Minuten durch einen Seitenweg weiter endete der Frühspaziergang in einem Garten, wo weißgedeckte Tische standen, und einige wenige Frühaufsteher schon saßen und ihren Kaffee einnahmen. Diese Morgenspaziergänger hatten sich alle seit Jahren gewöhnt, sich wie eine kleine Stammgesellschaft von Morgensonnenanbetern Sonntags hier zu sehen. Beim Niedersetzen oder Aufstehen grüßten sie sich freundlich von Tisch zu Tisch.

Etwas so Huldvolles wie diese Morgenspaziergänge in Würzburg, im Mai und Juni, habe ich nur wieder bei einem Frühlingsaufenthalt in Japan erlebt, wo die wohlgesitteten japanischen Familien, schweigend und liebenswürdig lächelnd, sich morgens sechs Uhr zur Blütezeit der Päonien, im Mai, in einer bei Tokio gelegenen friedlichen Gärtnerei trafen. Leise wispernd saßen sie, zu Zweien und Dreien, mit taubenblauer und mausegrauer Seide angetan, sauber frisiert, auf breiten Holzbänken, die mit roten einfachen Wolldecken belegt waren. Sie nippten ihren Tee aus winzigen Teeschälchen und bewunderten still die langen Reihen der kopfgroßen Päonienblüten. –

Viele Male, wenn ich neben meinem Vater diesen frühen Sonntagmorgenweg machte, oder wenn wir in jenem Garten waren, und er die Zeitung, die er nach dem Morgenkaffee gelesen, zurückgelegt hatte, und ich vom Zaun des Gartens zurückkam, wo auf einem begrasten Eisenbahndamm draußen ein Schnellzug donnernd vorübergesaust war, dem ich reisebegierig nachgesehen hatte, fand ich ihn bei meinen Schwestern bereits wieder mitten im Erzählen, wozu ihn wahrscheinlich das Geräusch des Eisenbahnzuges angeregt hatte, der an dem sonnigen Frieden des Gartens wie ein eiserner Herkules vorbeigesprungen war. [...]

Wenn die Sonne höher gestiegen war, und wir um elf Uhr aus jenem Morgengarten nach Hause gingen, nahmen wir manchmal unsern Weg durch den Hofgarten, das ist der Schloßgarten von Würzburg. Finken, Goldammern, Rotkehlchen, Drosseln und Zeisige, alle Vögel, die da in den Büschen hüpften und sich unter dem Strahl des großen Springbrunnens ab- und zufliegend badeten, lehrte mich mein Vater kennen. Alle hatte er als Knabe im Harz in aufgestellten Sprenkeln im Garten gefangen und hatte sie sich in Käfigen gehalten.

Wenn ich heute wieder in jenen Schloßgarten durch eines der verschnörkelten schmiedeeisernen Tore eintrete, die Wunder der Schmiedekunst sind – da ihr Eisen nicht zu Gittern, sondern zu mächtigen rankenden Blumenhecken verarbeitet wurde, die den herrlichen Garten würdevoll abschließen –, dann fällt mir immer, beim Anblick der gestutzten runden Orangenbäumchen, die mit gelben Früchten in ihrem dunklen Laub, in grünen Kübeln an der Front des Schlosses entlang und rund um den großen Springbrunnen aufgestellt stehen, die alte zugestutzte Art und Sitte ein, die noch in der ersten Hälfte des neunzehnten Jahrhunderts, zugleich mit französischen Umgangsformen, an kleinen deutschen Höfen gepflegt wurde. Bei dem Duft, der aus den tiefdunklen Taxushecken der Gartengänge kommt und bei dem Wohlgeruch des Buxbaums, der die Tulpenbeete mit niedriger Hecke geradlinig einfaßt, entstehen in mir die Vorstellungen, als öffne ich alte Schatullen, aus welchen alte Papiere, Aufzeichnungen und Bilder jener Zeit mich ansehen. [...]

Ich erinnere mich eines Ostermorgens, ein Jahr nach dem Tode meiner Mutter. Mein Vater führte mich durch das Burkarder Stadttor hinaus an dem großen Gefängnisbau vorüber, der dort wie ein assyrischer Bau steil in den Himmel ragt. Ehe wir aber an das Stadttor kommen, sind wir von unserem Hause aus am Main über die alte steinerne Mainbrücke gegangen, auf deren Pfeilern zu beiden Seiten des Brückenweges die alten Steinbilder in Rüstungen und wallenden Mänteln, mit Kronreifen, Reichsäpfeln, Schwertern und Schilden geschmückt, mir immer einen großen Eindruck machten. Drüben dann im Mainviertel, dem uraltesten Teil der Frankenstadt Würzburg, in der langen alten Straße zum Burkarder Stadttor war damals eine dunkle

Schmiede der Hauptanziehungspunkt für mich. Jahraus, jahrein dröhnten dort Hammer und Amboß, und immer hockte ein rotes Feuer auf dem Schmiedeherd drinnen und spritzte Funken in die Finsternis, die nach Eisen und Rauch roch. Die Straße führte uns dann weiter, überragt von den großen dunklen Mauerausschnitten des Festungsberges, zur ältesten Kirche, zur Burkarduskirche, die aus dem achten Jahrhundert stammt. Aber vorher lag rechter Hand noch ein schauerliches Gebäude, in dessen Hof damals die Hinrichtungen stattfanden, und auf dessen Dachstuhl eine alte kleine Glocke hing, das Armesünderglöckchen, das nur geläutet wurde, kurz ehe der Scharfrichter seines grauenhaften Amtes walten mußte.

Die Burkarduskirche, am Ende der Straße, steht quer über dem Fahrdamm, und durch ein Bogengewölbe führt hier der Weg unter dem Hauptaltar der Kirche weiter. Dann kommt man zu jenen Gebäuden, die damals Frauen- und Männergefängnisse waren, und die mit dem Stadttor einen Hof bilden. Eine in Stein gehauene Riesenfratze am Eingang zum Tor, die das Maul aufsperrt und die Zunge zeigt, sah mir dort wie ein Fabelungeheuer entgegen. In dem langen hallenden Gang des gewaltigen Torgewölbes, das unter einem Stadtwall durchführt, waren viereckige verschlossene Luken am Deckengewölbe, die mir besonders unheimlich vorkamen, denn man erzählte, daß in alter Zeit durch diese Luken siedendes Öl auf den Feind herabgegossen wurde, wenn dieser durch den Torgang in die Stadt dringen wollte. Von hier gelangte man endlich aus der Stadt hinaus und überschritt noch auf einer kurzen Zugbrücke einen Wassergraben; nur an wenigen Häusern vorbei, bog man draußen am Fuß des Festungsberges von der mit großen Apfelbäumen überwölbten Landstraße nach Westen ab und kam an einen alten efeubewachsenen Nonnengarten, der sich am Abhang des Nikolausberges hinaufzieht. Unten an der Straße ist dieser Abhang mit künstlichen Tuffsteinfelsen besetzt, die einen »Ölberg« bilden. Auf dem künstlichen Hügel kniet Christus, eine weiße Steingestalt. Vor ihm steht der goldene Kelch und neben ihm ein Engel, der sich zu ihm beugt, zum Himmel weist und Christus im Gebet tröstet. Die Figuren sind in Rokokoart, sehr lebendig, und zeigen Anmut in den Linien und haben windbewegte Gewänder. Der künstliche Tuffsteinhügel ist von Efeu überwachsen, von Akazien überschattet, und in seiner Mitte ist, in Form einer Monstranz, ein »ewiges Licht« eingesetzt. Hinter einer dunkelroten Glasscheibe brennt dort jahraus, jahrein, Tag und Nacht in einem Ölnapf ein kleines Flämmchen. Nachts sieht man unten von der Landstraße das rote Licht dort am Weg friedlich leuchten. Das Flämmchen, das nie verlöscht, das durch den Regen und durch den Nebel schimmert, das im Winter rot über den Schnee hinscheint, übte immer eine tiefe Anziehungskraft auf mich aus. Es gehörte wie Sonne und Mond zu diesem Weg, und es ist heute noch da, und sein Licht wird wie mein Herz nie müde, wie das Herz, das heute noch wie damals klopft und keinen Augenblick ausgesetzt hat, weder bei Tag noch bei Nacht, weder Sommer noch Winter. Unergründlich sieht mir das rote Licht entgegen, wenn ich dort vorübergehe, und begrüßt in mir die Unergründlichkeit meines eigenen Daseins.

An jenem Ostermorgen schritten mein Vater und ich auch diesen Weg entlang, der damals noch keine Häuser sondern nur alte Gartenmauern zeigte. Über den kleinen Gartentüren stand manchmal ein Madonnenbild, umgeben von Blumentöpfen. Denn hier war die Wallfahrtsstraße, die unter alten Akazien in Stufen heute noch auf den Käppelesberg führt. Das Käppele ist eine prächtige Rokokokapelle, die oben auf dem Nikolausberg mit vielen bauchigen Kuppeln die Beter empfängt. Über schönen, hellen steinernen Terrassen, auf denen mächtige Platanenbäume sich über stattliche Steinzellen breiten, von denen immer drei Zellen auf jede Terrasse verteilt sind, steigt man zur Kirche hinauf.

Die Steinzellen sind offen, und jede birgt hinter einem Gitter eine lebensgroße Sandsteingruppe, auch in Rokokoart sehr lebendig dargestellt. Die Gruppen zeigen von der untersten Terrasse bis zur höchsten den Leidensgang Christi, von der Verurteilung des Pontius Pilatus bis zur Auferstehung am Ostermorgen und bis zur Ausgießung des Heiligen Geistes am Pfingsttag. [...]

Als Professor Röntgen hier im physikalischen Institut die X-Strahlen entdeckte und ein neues den Menschenkörper durchdringendes Licht den Augen sichtbar machte, war ich noch ein junger Mann und schrieb eben an meinem Buch »Ultraviolett«. Und ich sagte mir später oftmals: in keiner andern Stadt, nur in Würzburg, konnten die X-Strahlen entdeckt werden. Nur hier kommt geheimes Licht den Menschen so nah wie selten wieder auf einem Punkt der Erde. Das würzburger Licht, das an den sonnigen Tagen von den Bergen wie eine blaue Elektrizität rund um die Stadt in den Himmel scheint, kommt mir immer vor, wie aus einem Jubel geboren. Ist es die Stellung der Hügel, die wie Brennspiegel verteilt am Mainufer nach Süden gerichtet stehen? Oder ist es der lange flüssige Spiegel des Mains selbst, der das gewundene Maintal aufhellt, so daß es scheint, als flösse zwischen den Hügeln ein weißes Feuer, das, mit der Sonne vereint, die Weinbeeren an den Geländen kocht? – Ich weiß es nicht, warum Licht und Luft hier immer jubelnd gestimmt sind. Es gibt viele schöne Orte auf der Welt, die einen froh stimmen können, so wie es viele Orte gibt, die einen ernüchtern und des Frohsinns berauben können. Aber auch ohne an den Wein hier zu rühren, finde ich jede Stunde in dieser Stadt berauschend. Auch der Nüchternste und der Lebensmüdeste muß vom Licht- und Luftstrom, der hier Erde und Himmel durchdringt, bei einem Gang durch Stadt und Landschaft glücklich gestimmt werden. Die weise Heiterkeit Griechenlands, die zierliche und erdkräftige Schönheit Japans, die ich beide mit Leib und Seele kennen lernte, finde ich hier in Würzburg vereinigt. Es denkt sich leicht, es lacht sich leicht, es arbeitet sich leicht in dieser Stadt. Sie läßt die Liebe leicht entstehen, macht die Liebessehnsucht schwerwiegend und die Liebesinbrunst tief. Sie entzückt, diese Stadt, die im Frühling von einer Geisterwelt üppiger Blumen- und Blütendüfte umgeben ist. Die Stadtanlagen sind voll japanischer Sträucher, die ein Würzburger, der Japanforscher Sieboldt, seiner Heimatstadt gegeben hat. Aber auch ohne diese ausländischen Blüten stehen die Obstblüte, die Rosen- und Fliederblüte Würzburgs nicht der Blütenfülle Japans nach. [...]

Student in Würzburg

August Graf von Platen-Hallermünde

Im Zusammenhang mit dem Leben an der Julius-Maximilians-Universität Würzburg wären manche literarisch bedeutsame Namen zu nennen: Friedrich Spee von Langenfeld studierte hier Theologie, Friedrich Rückert die Philosophie, Felix Dahn, der den Beginn seines Romans »Weltuntergang« vor der Kulisse Würzburgs ansiedelte, lehrte an der Alma Julia als Rechtsprofessor. Um das Studentenleben rankt sich eine ganze Reihe von Romanen, die an der Wende zum 20. Jahrhundert entstanden. Beredteres Zeugnis aber geben zwei Werke namhafter Autoren: die Tagebücher August Graf von Platens und die Lebenserinnerungen Ludwig Ganghofers.

Der Lyriker und Dramatiker August Graf von Platen-Hallermünde (1796-1835) hat, wie die folgenden Auszüge aus seinen Tagebüchern dokumentieren, seine Studienzeit in Würzburg als wenig angenehm empfunden. Die Umstände lagen ungünstig. So war der Studienbeginn durch das Nachholen des Gymnasialexamens verzögert, der Fortgang der Studien durch Platens Zweifel an seiner beruflichen Bestimmung – Staatsbeamter oder Dichter – gestört. Das Urteil über Studienfreunde wie akademische Lehrer war raschen Schwankungen unterworfen, wie überhaupt Platens empfindsamer Umgang mit seinen Studienfreunden ihn innerlich vereinsamen ließ. Zu Platens nachhaltig positiven Eindrücken von der Studienzeit in Würzburg gehören jene seiner Spaziergänge in den Anlagen der Stadt, in Glacis und Hofgarten. Immerhin aber scheint Platen in Würzburg im Kern der Durchbruch zur Erkenntnis seiner dichterischen Berufung gelungen zu sein.

8. April 1818. Würzburg.

Noch ist mir der hiesige Aufenthalt gerade nicht lieb geworden. Ich sehe zuweilen mißmutig in die Zukunft. Ich war heute beim Hofrat Döllinger, dem Prorektor der hohen Schule. Er machte mir Schwierigkeiten von wegen des Immatrikulierens, weil ich keine Gymnasialzeugnisse vorweisen kann. Er sagte mir mit tausend Höflichkeiten, daß er die Gesetze befolgen müsse. Übrigens könne ich privatim bei den Professoren subskribieren. Ich ging zum Professor Rau, bei dem ich Zoologie und Botanik hören werde. Er empfing mich sehr artig und zuvorkommend.

Etwas trockener der Professor Brendel; ich höre bei ihm Geschichte der Deutschen und Völkerrecht mit Rücksicht auf auswärtige Politik. – Mit Gruber esse ich und komme ich viel zusammen. Ich las ihm bereits das Geistliche Nachspiel und die Fragmente aus dem Odoakar vor, die ihm eine günstige Idee vom künftigen Ganzen zu geben schienen. Direktor Mieg war artig genug, mich in meiner Wohnung aufzusuchen, die ihm sehr gefiel, wie sie denn auch in fast der schönsten Straße von Würzburg, in Mitte der Stadt liegt und ein sehr freundliches und elegantes Ansehen hat.

28. April 1818. Würzburg.

Ein paar sehr dumme Streiche waren das Werk der letzten Tage. Ich erzähle sie so kurz als möglich. Aus Eigensinn widersetzte ich mich Grubern beständig in Hinsicht der Ideen des Professor Wagner, den ich insgeheim bewunderte. Ich trieb dies so weit, daß ich mich von den Kollegien Wagners wieder lossagte, und es diesem in einem Briefe zu wissen tat. Diesen Brief wollte und sollte Gruber besorgen. Als wir aber, auf der Mainbrücke spazierend, davon zu reden kamen, war er im Begriff, mir das Schreiben zur eignen Besorgung zurückzugeben. Ich nahm es nicht an, es fiel auf die Erde; keiner von uns hob es auf. Doch wurde es sogleich von Fremden aufgehoben und auf die Polizei gebracht. Ich glaubte mich kompromittiert und forderte Grubern auf, sich mit mir zu schlagen. Es war ein Werk des Zorns, der Laune noch mehr. Ich wollte es nicht zurücknehmen. Er hielt es so lange für Scherz, bis ich meinen Sekundanten zu ihm schickte. Nun schrieb er mir einen Brief, sagte mir darin, daß meine Gemütsart nicht zu der seinen tauge, kündigte mir die Freundschaft auf und verlangte seine Briefe zurück. Er habe mich nicht beleidigt, sei aber, wenn ich es wolle, immer noch bereit, sich mit mir zu schlagen. Da unser ganzes Verhältnis gestört war, so lehnte ich nun auch das Duell ab und sandte ihm die Briefe. Er mir viele von den meinen, doch nicht die Gedichte, die ich geschickt hatte.

21. Mai 1818. Würzburg.

Bei Mieg scheint es mir, bin ich nicht mehr so gut aufgenommen, als sonst. Es mag sein, daß sie von meinem Zank mit Gruber durch die Morells, zu denen er kommt, auf eine für mich sehr ungünstige Weise unterrichtet sind, oder vielleicht ist bloß daran mein stummes, verschlossenes Betragen schuld, das besonders den Frauen Mieg und Morell mißfallen haben mag, da sie mir's auch merken lassen. Auch Herrn von Mieg muß es unangenehm auffallen, daß ich ihm, der so willig sich anbot, mich zu leiten, gar kein Vertrauen schenke. Nicht Anteil meines Temperaments ist diese jetzt zur Gewohnheit gewordene Verschlossenheit und Kälte; ich bin lebhaft und offen, ich möchte fast sagen plauderhaft von Natur, aber das viele Leben unter Menschen, die mich nicht ansprachen, nicht verstanden, denen ich mein Herz nicht öffnen konnte, machte mich, wie ich bin. Liebe zur Einsamkeit hat tiefe Wurzel in mir gefaßt.

14. Juni 1818. Würzburg.

Heute fand ein Mittagessen wie gestern, nur an einem andern Orte, im Schießhause, statt, ein Mittagessen, was die Studenten selbst den Kuratoren, Dekanen und dem Prorektor en revanche gaben. Es mochten gegen hundertzwanzig Personen sein, und freilich ging es dabei noch einmal so wild her, als gestern. Das Lokal war minder günstig, der Saal zu niedrig. Ich setzte mich neben den jungen Döllinger, mit dem ich hinausgegangen war, und so plauderten wir recht angenehm die lange Tischzeit ununterbrochen. Wenn ich neben fremden Gesellen hätte sitzen müssen, so würde ich verzweifelt sein. An Toasten fehlte es abermals nicht.

3. Juli 1818. Würzburg.

Mit Döllinger führen mich die Studien immer mehr zusammen. Wir haben nun auch die Morgenstunden von acht bis zehn zu gemeinschaftlicher Lektüre festgesetzt und lesen abwechselnd Euripides' Hekuba und die Annalen von Tacitus. Ich werde diese Autoren für das Gymnasialexamen wählen, das mir in Bälde bevorsteht. Da ich auch für dasselbe noch besonders Geschichte und Mathematik studieren muß, und überdies das große Universitätsexamen näher rückt, so war ich nie so überhäuft, als jetzt, und meine Stunden waren mir nie kärglicher zugemessen. Hiezu kommt noch eine ausgedehnte Lektüre, die ich mir nicht versagen kann, und die Übungen im französischen Stil. Ich tue mir an keinem Tage genug. Die größern Spaziergänge mußte ich auch aufgeben und ich gehe nur noch des Abends zwischen fünf und sechs, nach der deutschen Geschichte, in den Hofgarten, wo ich noch häufig ein Buch bei mir führe.

25. August 1818. Würzburg.

Gestern und heute hatte ich endlich meine Gymnasialexamen.

31. August 1818. Würzburg.

Lektüre und ewig Lektüre! Es scheint fast, ich lebe nur, um zu lesen, oder ich lebe nicht einmal, sondern ich lese nur.

15. September 1818. Würzburg.

Wiewohl ich mich öfters mit Ausbesserung und Lückenfüllung meiner einzelnen Gedichte beschäftige, so verzweifle ich doch täglich mehr an meinen poetischen Gaben. Einiges Talent habe ich freilich, es ist aber so geringfügig, daß ich mich nie an die edeln Geister des deutschen Volkes werde anschließen können. Es ist bloße Nachahmungssucht, kindische Langeweile, die mich zum Dichter machte; und so wuchs dies Laster mit mir auf und ist freilich schwer auszurotten. Ich bin eher auf dem Wege, ein Literator als Poet zu werden, und meine Ader versiegt täglich mehr, arm und gedankenleer, wie sie ist. Die Richtung, die ich in der letzten Zeit nahm, ist besonders unglücklich.

30. Januar 1819. Würzburg.

Ich war heute an einem Orte bei Zell, wo Buschwerk von Efeu wächst, daraus ich mir eine Girlande um den Hut flocht. Es sahen mir freilich alle Leute auf der Straße nach; sie werden sich aber dran gewöhnen, denn diesen Efeu will ich nicht ablegen. Ich trag' ihn nicht etwa als Vorbild poetischen Ruhms, sondern als einen Talisman, mich zu stärken, sobald mir das Selbstvertrauen fehlt und ich ganz an mir verzweifle, wo er mir dann zurufen soll:

Vergleiche dich, erkenne was du bist!

Zugleich aber soll er auch ein Talisman gegen die Schüchternheit sein, wenn ich Adrast sehe; eine Schüchternheit, die ich oft auch auf andre ausdehne, weil ich schlecht in die Ferne sehe und oft manche Gestalt von ähnlichem Wuchse, die auf mich zukommt, für die seinige halte.

31. Januar 1819. Würzburg.

Mir wird fast angst und bange mit meinem Efeu. Wie mich heute die Leute anstaunten und auslachten, als ich mit Döllinger um das Glacis ging!

1. Mai 1819. Würzburg.

Vorgestern abend hab' ich noch ein Liedchen an den Schlaf gedichtet, das ein Bild meiner jetzigen Unruhe ist. Ich bringe die halben Tage im Hofgarten zu, wo nun alles in Blüten steht.

Ludwig Ganghofer

Wie einst Platen, studierte auch Ludwig Ganghofer (1855-1920) Rechtswissenschaften in Würzburg. Seine Erinnerungen, in drei Bänden niedergelegt unter dem Titel »Lebenslauf eines Optimisten« (1909-1911), zeigen ein durchaus glückliches Erleben der Würzburger Studienzeit. Die Lust zum Streich und jeder Unternehmung in Ganghofers Schilderungen finden später ihre Parallele in der »Räuberbande« Leonhard Franks.

[...] Spät im Herbste lernte ich ein niedliches, schelmisch vergnügtes Mädel kennen, die Tochter eines gutsituierten Kaufmanns, der nicht weit von der Mainlände wohnte. Weil die Existenz dieser jungen Dame auf eine italienische Hochzeitsreise ihrer Eltern zurückzuleiten war, hatte sie den schönklingenden Namen Nannina bekommen. Ein keckes, munteres Ding! Und unternehmungslustig, gern aufgelegt zu jedem Streich, der nur halbwegs im Bereich des Möglichen lag. Spät in der Nacht, wenn ihre ahnungslosen Eltern schon in den Federn lagen, stahl sie sich aus dem Haus und huschte zu mir in eine finstere Straßenecke. Es war schon kühle Zeit, schon die erste Dezemberwoche. Und jetzt, im sterbenden Herbste, lagen an der Mainlände allnächtlich viele von den großen Obstschiffen vertaut, die den Main und Rhein hinunterfuhren bis nach Holland. Alle größeren dieser Schiffe hatten kleine niedere Kabinen. Die Schiffer soffen immer die ganze Nacht in den nahen Kneipen. Und die stillen, dunkeln Schiffskabinen standen leer. Diese Entdeckung machte ich an einem mondhellen Abend, während ich, in Uniform, auf Nannina wartete. Und auf einem dieser Obstschiffe, das köstlich nach reifen Äpfeln duftete, fand ich ein feines Hüttchen mit einer Pritsche, auf welcher linde Decken lagen. Ich empfand ein Hochgefühl, das mich an Kolumbus denken ließ – er kann nach langer Irrfahrt die Küste Amerikas nicht freudiger begrüßt haben! Und als ein

Viertelstündchen später Nannina zu mir in den Häuserschatten gesprungen kam, hob ich flink das zappelnde, kichernde Ding auf meine Arme. Im Saus mit meiner zarten Last hinüber durch das Mondlicht! Und hinein in das stille Hüttchen! Auf dem feuchten schrägen Verdeck wär' ich beinah der Länge nach hingeschlagen, weil ich über meinen Säbel stolperte. Das gab was Erkleckliches zu lachen, ehe wir – zwei kleine Sklaven der experimentierenden Natur – dieses blinde, hungrige und dennoch ungeschickte Küssen begannen. Schon drohte die verhängnisvolle Stunde schwach zu werden. Da fuhr ein krachender Stoß durch das Apfelschiff, das plötzlich verdächtig zu schaukeln begann. Wir zwei Verzückten zuckten erschrocken auseinander, und als ich den Kopf zur Kabinentür hinausstreckte, drehte sich das lange Schiff gerade vom Ufer weg und in den Strom hinein. Mir zitterte das gewohnte schwäbische Wörtchen aus der wirbligen Seele: »Herrgottsaxe!«

Waren die Taue zufällig losgegangen? Oder hatte so ein verwünschtes Aas, das mich mit dem Mädel in die Kabine huschen sah, die Stricke aus Schabernack gelöst?

Ich merkte gleich, daß die Sache nicht unbedenklich war. Die steinerne Mainbrücke stand in der Nähe, und das Apfelschiff trieb querseits auf einen Pfeiler zu. Hinter meinem Rücken klang ein erstickter Laut Nanninas, während ich zum Steuer hinsprang und aus Leibeskräften zu schanzen begann, um das Schiff in gerade Fahrt und gegen die Mitte des Brückenbogens zu bringen. Nach wenigen Sekunden rann mir vor Anstrengung der Schweiß übers Gesicht herunter. Mit knapper Not gelang mir der Kampf wider den hölzernen Drachen. Das Hinterteil des Schiffes stieß noch gegen den Brückenpfeiler, so tüchtig, daß ich fast einen Purzelbaum über den Steuerschaft hinüber ins Wasser gemacht hätte. Doch als wir die Brücke hinter uns hatten, war das Apfelschiff flußabwärts in schöner Fahrt.

Das Ruder wagte ich nicht auszulassen. Und vor der Kabinentüre stand Nannina im milchigen Mondschein, wortlos, und schlug die Hände über dem Kopf zusammen. Ich rief ihr zu: »Da brauchst du keine Angst zu haben! Ich bring dich schon hinaus!«

Wäre die Situation nicht so verwünscht gewesen, sie hätte romantisch wirken können. So eine feine, billige Mainfahrt im Mondschein! Die sanft vorübergleitenden Ufer mit silbernen Lichtern und tintenschwarzen Schatten! Und guck, da verschwanden schon die letzten Häuser von Würzburg? Und Nannina sang ein jammervolles Klagelied um ihren guten Ruf.

Ich arbeitete am Steuerruder wie ein hochbezahlter Flößer. Ein Viertelstündchen außerhalb der Stadt gelang es mir, das Apfelschiff aus dem glatten Strom gegen flachsandiges Ufer hinzudrängen. Pumps! Jetzt saßen wir fest. Je wütender ich mit dem Ruder kochlöffelte, umso zäher wühlte sich der Kiel in den Grund. Langsam drehte sich der Apfeldrache um seinen Schnabel herum. Und dann rührte er sich nimmer. Zwischen uns und dem Lande lag noch stubenbreit das im Mondschein blinkende Wasser. Draußen am Ufer die schönste Straße, silbrig schimmernd zwischen schwarzen Stauden und Bäumen! Ich machte die Erfahrung, daß es Augenblicke gibt, in denen man sich nach einer festen Straße heißer sehnen kann als nach dem süßesten Himmelreich des Lebens. Während ich mit einer Stange den Grund des Wassers zu prüfen begann, verwandelte sich Nanninas Klage in bittres Weinen, bei dem sie nur noch dieses einzige Wörtlein fand: »Ach Gottche, ach Gottche, ach Gottche …«

Ratloses Zuwarten machte die Sache nicht besser. Da mußte was geschehen! Ich sprang ins Wasser, das mir schwer in die Reitstiefel hineingluckste. Dieses Nasse und Kalte ging mir herauf bis zu den Hüften. »Komm, Schatz!« Vorsichtig watend trug ich das Mädel zum Ufer hinüber. Kein Zipfelchen ihres Rocksaumes wurde feucht. Ich hoffte für meinen Ritterdienst einen zärtlichen Dank zu ernten. Kaum aber fühlte Nannina festen Boden unter den Füßen, da brach sie in jähzorniges Schelten aus und beschimpfte mich fürchterlich. Sie schien zu glauben, daß ich die Stricke des Apfelschiffes losgebunden hätte. Diesem schnöden Wandel einer guten Seele gegenüber war ich so perplex, daß ich eine Weile gar kein Wort herausbrachte. Und als ich endlich reden konnte, jagte das wütende Mädel schon auf der silberschönen Straße davon, der Stadt entgegen.

Nachdenklich, über die Rätselnatur des Weibes grübelnd, setzte ich mich in den Straßengraben, zog die Sporenstiefel herunter und goß das Wasser heraus. Meine hirschlederne Reithose war wie ein schlappender Schwamm. Und Herrgott, wo war denn meine Mütze, mein Säbel? Die lagen noch drüben auf dem Apfelschiff! Also nochmal durchs Wasser hin und her – diesmal barfüßig, um die teuren Stiefel zu schonen. Dann ein strammer Marsch, um trocken und warm zu werden. In einer Kneipe bei der Mainbrücke, im ›Wilden Mann‹, goß ich mir einen Schoppen Glühwein in die enttäuschte Jünglingsseele. Es ging auf die sechste Morgenstunde zu, als ich hinaufkam zum Festungstor. Und beim Mittagläuten, während ich über die steile Felsentreppe heruntersauste, konnte ich weit draußen auf dem schimmernden Main einen kleinen schwarzen Klotz gewahren. Unser Apfelschiff! Und fünf weiße Käferchen wimmelten auf ihm herum: die Schifferknechte in Hemdärmeln.

Eine sehr verdrießliche Stimmung war in mir. Der hölzerne Drache, mit dem ich kämpfen mußte, hatte wohl an die hunderttausend reifer, duftender Äpfel in seinem Leib getragen! Und auch nicht einen einzigen hatt' ich angebissen.

Nannina, als ich ihr beim Sonntagsbummel in der Domstraße begegnete, schmunzelte lustig und sah mich freundlich an. Ihr rätselhafter Zorn war also verraucht, und vermutlich hatte ihr guter Ruf keinen fühlbaren Schaden erlitten. Doch gewitzigt war sie. Denn niemals wieder kam sie in nachtschlafender Zeit herunter zu den gefährlichen Obstschiffen. [...]

Georg Heym

Der expressionistische Dichter Georg Heym (1887-1912) stieß vorübergehend als Jura-Student nach Würzburg vor. In seinem Tagebuch gibt er einen Eindruck von seiner seelischen Not, die ihn in Würzburg überfiel. Lebensüberdruß, Ratlosigkeit im Blick auf das künftige Berufsziel und dann doch eine überraschende Liebesbegegnung führen zu einer lichthellen Schilderung der in und um Würzburg empfangenen Eindrücke.

24. [April 1908] Würzburg.

3 gute Wahrzeichen:

In Franken auf einem Felde küßte ein Bauer ein Mädchen an einem Bach.

Als ich nach Würzburg kam, hellte sich der Himmel fast plötzlich auf. [...]

27.

In einer Kirche, aus der die Orgel klang, die Schellen und der Gesang. Ich trat ein und fand Liebe. Dann auf einem Kirchhof. Glücklich unter Toten.

2. V.

Gang zweier Menschen durch den Frühling. Lerchen auf kahlen Äckern, Veilchen und Schlehdorn. [...]

12. V. Neues Leid.

An frühem Morgen ein Gang durch ein dämmerndes Tal. Auf halber Höhe hörte ich durch das Schlagen der Nachtigallen die verhallenden Töne einer Prozession, die vor der Sonne die Frucht des Feldes einsegnete.

Sonst Gram gerüttelten Maßes. Jeder Tag verächtlich, bitter, lächerlich. Und keine Tränen mehr. [...]

1. Blick über die alte Mainbrücke (1473 begonnen) auf Rathaus, Neumünster und Kiliansdom

2. Die Mainpromenade mit den Türmen der Marienkapelle, des Doms, von St. Peter, St. Stephan; Neubaukirche und Grafeneckart

3. Der »Merian-Blick« mit der Kiliansfigur (18.Jhdt.), der alten Mainbrücke und der Festung Marienberg

4. Blick von St. Burkart (1042 geweiht) auf die Festung Marienberg

5. Das Fassadenwerk der Fürstbischöflichen Residenz Balthasar Neumanns (1720 bis 1744) mit dem Frankoniabrunnen (1894) und den Gestalten des Dichters

Walther von der Vogelweide, des Malers Matthias Grünewald und des Bildhauers Tilman Riemenschneider

6. Das Stiegenhaus der Residenz mit dem Deckengemälde Giovanni B. Tiepolos

7. Würzburger »Türmelandschaft«: Dom, Neumünster, Marienkapelle

8. Epitaph des Bischofs Lorenz von Bibra († 1519)
von Tilman Riemenschneider im Würzburger Dom

9. Das »Käppele«, die Wallfahrtskirche Balthasar Neumanns (1748-1752) mit dem Kreuzweg Peter Wagners (1767-1778)

10. Das Rokoko-Fassadenwerk am »Haus zum Falken«

11. Der barocke Fürstenbau des »Juliusspitals«, 1576 von Fürstbischof Julius Echter von Mespelbrunn gegründet, mit der Brunnenanlage Jakob van der Auveras (1706)

12. Der »Alte Kranen« am linken Mainufer, 1772/1773 errichtet von Balthasar Neumanns Sohn Franz Ignaz Michael

21. V. Ich will mich jetzt entschließen, Offizier zu werden. Glaube ich schon, daß ich der ungeeignetste bin, der sich denken läßt. Sei's denn.

Nur eine Furcht,: daß dieses neue äußere Leben mich *ganz* ergreifen kann.

Ja, fände ich ein Mädchen, daß mit mir in den Tod ginge, ich bedächte mich nicht mehr. Ein Sonnenuntergang beschlösse zweier Menschen Tage. Ich kann nicht allein sterben. Will's auch nicht. Es wäre zu alltäglich und nichts wert. [...]

1. 6. Lauter Tage, wie ich sie noch nicht lebte. [...]

Weiß Gott, ich dachte, das Maß der Liebe wäre unbegrenzt. Doch kann man nur ein bestimmtes in sich aufnehmen. Das Übermaß erregt Unlust. So bin ich immer auf's neue froh, bei ihr zu sein, trennten uns Stunden.

Doch eines merke ich wohl: Mir ist es nicht gegeben, nur der Liebe zu leben. Zu viel erlitt ich schon um sie. Und der Genius überkommt nur den Trostlosen. Sei es denn, diesen Abend werden wir, wollen es die Götter, die Ringe tauschen. Zu welchem Ende?

O wehe über den Tag, da wir von einander müssen.

5. 6. Wir sahen auf dem Friedhof, wo wir vor dem Gewitter Schutz suchten, aufgebahrt in der Halle einen Toten. Der erste, den ich je sah. Und ich ertrug seinen Anblick nicht.

Liebe ich sie noch? [...]

19. Wir leben mit der Natur. Wir sehen das Land blühen und reifen. Wir gehen in die Häuser der Bauern und suchen Teil an ihrem Leben. Wir grüßen alles und alles gehört uns. Ihr Schmuck war eine Mohnblüte auf der einen, eine Rose auf der anderen Schulter.

22. […] Ich wäre nun grenzenlos froh und fände nicht das Ende meines Glücks, wäre ich nicht durch den Unsinn des Corpsstudententums beschränkt. Jedoch ertragen wir es noch diesen Mond.

Dann der Gedanke an die Trennung. Denn ich liebe sie grenzenlos. […]

1. Juli Ein Gang vom frühen Morgen bis zum Mittag. Ich trank an einem Brunnen aus ihrer hohlen Hand. Wir gingen durch den Buchenwald bei Zell und kamen nach Waldbüttelbrunn. Und wir sahen das ganze Land bis zum Spessart voll heißer Sonne. Dann lagen wir am Rand des Waldes und wir lasen in einem Reklamband Hölderlin:

Froh kehrt der Schiffer heim
an den stillen Strom

Dann stiegen wir in das Tal nach Zell und verließen das Paradies. […]

2. Juli. So grenzenlos geliebt. Eben traf ich in der Klinik ein, die für einige Wochen mich beherbergen wird. Im Hofgarten nahmen wir Abschied. Und ich bewahrte meine Fassung bis hierher. Ich sah sie zuletzt, als wir bis zur Schönbornstraße gegangen waren, dann bog sie um die Ecke, grüßte noch einmal und war mir entschwunden. […]

Wollte es Gott, daß ich bald aus dieser Haft befreit werde, meine Geliebte wiederzusehen. Einmal ging ich noch um ihr Haus, ehe ich in die Klinik ging, doch sah ich sie nicht mehr.

29. […] Ich habe meine Kraft überschätzt, diese Qualen der Eifersucht möchte ich nicht ein anderes Mal ertragen. Gestern hielt ich sie das erste Mal wieder kurz im Arm.

31. Wir sahen den Frühling, wir sahen den Sommer. Gestern gingen wir den gleichen Weg, da waren die Felder wieder kahl, wie am ersten Tag.

Tod des Sommers, da die Sicheln blinken
auf der Flur und schon die goldnen Garben
von der Schnitter Schlag in Schwaden sinken
und des Sommers bunte Blumen starben.

Einst war Frühling hier da noch dem Pfluge
unsre Augen folgten bis zum Rande
und der heimwärts ziehnden Vögel Zuge
über Wald und Tal im kühlen Lande.

Zeit der Lese, da sie Kränze winden
Aus den Ähren, die wir reifen sahen
Und wir wissen Worte nicht zu finden,
Wo des Herbstes Trauer will uns nahen.

Am Theater

W ü r z b u r g.

Königlich = Baierische privilegirte Schaubühne.

Freytag, den 8ten December 1815.

Saul, König in Israel.

Schauspiel in 3 Akten, von Seyfried, mit Märschen, Tänzen und Gesängen; die Musik ist vom königl. preuß. Musikdirektor Hofmann.

P e r s o n e n:

Saul, König in Israel, — — — — — Hr. Klühne.
David, — — — — — — — Hr. Weyl.
Merob, Sauls älteste Tochter, — — — — Mad. Witz.
Michol, dessen jüngere Tochter, — — — — Dem. Lindner.
Jonathas, Sohn des Sauls, — — — — Hr. Rieser.
Abner, Sauls Verwandter, und Oberbefehlshaber des israelitischen Heeres, — — — — — — — Hr. Trautmann.
Der Schatten des Propheten Samuel, — — — Hr. Lay d. ä.
Eine Gestalt, — — — — — — Hr. Hertel.
Ein Anführer, — — — — — — Hr. Ludwig.
Eine Wache, — — — — — — Hr. Weber.
Israelitische Mädchen und Jünglinge, Kriegsoberste, Wachen und israelitische Soldaten.

Billete sind in der Pommersgasse Distr. 2 Nro. 274 beym Kassier Weinmann zu haben.

Jahrs- und Parterre-Abonnement. 5te Vorstellung. | Logen-Abonnement. 2te Vorstellung.

P r e i s e d e r P l ä t z e:

Logen des ersten Rangs und Parterre-Logen 1 fl. 12 kr. Logen des zweyten Rangs und Parterre 48 kr. Kinder zahlen die Hälfte. Amphitheater 24 kr. Gallerie 12 kr.

Die Kasse ist um 5 Uhr offen. Der Anfang um 6 Uhr. Das Ende nach halb 9 Uhr.

E.T.A. Hoffmann

Das Musikleben am Würzburger Theater ist eng mit literarischen Aspekten verwoben. An die »Würzburger Königlich-Bayerische privilegierte Schaubühne« – so die offizielle Bezeichnung um 1815 – hatte sich kein geringerer als Ernst Theodor Amadeus Hoffmann (1776-1822) als Kapellmeister beworben, nachdem dem Königlich preußischen Musikdirektor am Theater in Bamberg die dortigen Verhältnisse nicht mehr zusagten. Wenngleich E.T.A. Hoffmann seine Kandidatur für Würzburg letztlich nicht durchsetzte, wurde doch eine der Opern des inzwischen hochangesehenen Komponisten Hoffmann am Würzburger Theater aufgeführt. Am 8. Dezember 1815 öffnete sich der Vorhang zu »Saul, König in Israel«, komponiert nach dem gleichnamigen Schauspiel von Joseph Ritter von Seyfried.

Richard Wagner

Achtzehn Jahre nach Aufführung von E.T.A. Hoffmanns Oper ging Richard Wagner (1813-1883) als Chordirektor an das Würzburger Theater. 1833 trat der Zwanzigjährige diese Position an, die ihm sein ältester Bruder Albert vermittelt hatte, der dort soeben als Musikdirektor seine Arbeit aufgenommen hatte. In Würzburg, so belegen es seine Erinnerungen, entfaltete Wagner sein künstlerisches wie menschlich-individuelles Selbstbewußtsein. Ein Jahr lang behielt Richard Wagner seine Stellung inne mit dem Ziel, an der Seite seines Bruders musikpraktische Grundlagen sich zu vermitteln. Schließlich konnte Wagner in Würzburg die Arbeit an seiner Oper »Die Feen« nach Carlo Gozzis Schauspiel »La donna serpente« abschließen. Von Würzburg aus führte ihn dann der Weg nach Leipzig. »Mein Leben« (1911 posthum ediert) sind Richard Wagners Erinnerungen überschrieben, in denen er auch von seiner Zeit in Würzburg Bericht gibt.

[…] [Ich] verließ […] im Januar 1833 Leipzig, um für einige Zeit meinen damals in *Würzburg* beim Theater angestellten ältesten Bruder *Albert* zu besuchen. Es schien nämlich jetzt an der Zeit zu sein, daß ich mich für die praktische Verwertung meiner musikalischen Fähigkeiten nach der nötigen Gelegenheit zur Übung derselben umsähe; dazu sollte mein Bruder bei dem kleineren Würzburger Theater mir die Hand bieten. Ich reiste mit der Post über Hof nach Bamberg, verweilte dort einige Tage in der Gesellschaft eines jungen Mannes namens *Schunke*, welcher aus einem Hornisten Schauspieler geworden war, lernte die Geschichte von *Caspar Hauser*, der damals noch großes Aufsehen machte und welchen, wenn meine Erinnerung mich nicht täuscht, man mir persönlich zeigte, mit großem Interesse kennen; freute mich der originellen Tracht der Marktfrauen, erinnerte mich beziehungsvoll des Aufenthaltes *Hoffmanns* und der Entstehung seiner Phantasiestücke an diesem Ort und fuhr frierend mit einem *Hauderer* nach Würzburg weiter. Mein Bruder *Albert*, der jetzt als eine ziemlich neue Erscheinung in mein Leben trat, suchte mich seinem nicht eben weit angelegten Hausstand erträglich einzufügen, freute sich, mich nicht so verschroben zu finden, als er mich nach jenem Briefe, mit dem ich ihn vor einiger Zeit erschreckte, vermutet hatte, und verschaffte mir vor allen Dingen eine ausnahmsweise Beschäftigung als Chordirektor beim Theater, für welche ich monatlich 10 Gulden erhielt. Der Rest des Winters wurde so für mich zu meinen ersten praktischen Übungen im musikalischen Direktionsfach angewendet: es galt in der noch kurzen Frist zwei große neue Opern, in welchen der Chor stark zu wirken hatte, nämlich Marschners *Vampyr* und Meyerbeers *Robert der Teufel*, einzustudieren. Ich fühlte mich zuerst als vollkommener Neuling im Beruf eines Chordirektors und hatte mit einer mir gänzlich unbekannten Partitur, der *Camilla* von *Paër*, zu beginnen. Mir ist hiervon die Erinnerung verblieben, als ob ich mich mit etwas beschäftigt hätte, was mir gar nicht zukäme; ich fühlte mich recht eigentlich als Dilettant dabei. Bald interessierte mich jedoch die Marschnersche Partitur genügend, um meine saure Arbeit mir lohnend erscheinen zu lassen. Über die Partitur des *Robert* war ich sehr enttäuscht: nach den Zeitungsberichten hatte ich mir ganz wunderbare Originalitäten und exzentrische Neuheiten erwartet; nichts davon vermochte ich in dem durchsichtigen Werke aufzufinden, und eine Oper, in welcher ein Finale wie das des zweiten Aktes vorkam, konnte unmöglich von mir zu jenen Werken gerechnet werden, die irgendwie meinen geliebten Vorbildern anzureihen gewesen wären; nur die unterirdische Klapptrompete, als Geisterstimme der Mutter im letzten Akte, imponierte mir. Merkwürdig ist nun die Erfahrung von ästhetischer Demoralisation, in welche ich durch fortgesetzten nahen Umgang mit diesem Werke verfiel. Die ursprüngliche Abneigung gegen das flache, so höchst uninteressante und namentlich den deutschen Musiker so unmittelbar anwidernde Werk, verlor sich wirklich allmählich hinter dem Interesse, welches ich am Gelingen der Darstellung zu nehmen mich genötigt sah, bis ich endlich von den schalen, affektierten, allen modernen Manieren nachgeahmten Melodien nichts andres vernahm, als ihre Fähigkeit, Beifall zu erzielen. Da es sich außerdem um meine zukünftige Karriere als Musikdirektor handelte, schien in den Augen meines um mich besorgten Bruders dieser Mangel an klassischer Halsstarrigkeit mir vorteilhaft angerechnet zu werden; und es bereitete sich so der allmähliche und einige Zeit andauernde Verfall meines klassischen Geschmackes vor. Doch ging es hiermit nicht so schnell, daß ich nicht zuvor noch Proben von meiner großen Unerfahrenheit im leichtfertigen Stil abgelegt hätte. Mein Bruder wünschte in *Bellinis »Straniera«* ein Kavatine aus dessen *Piraten* einzulegen, wovon die Partitur nicht zu haben war; er übertrug es mir, ihm dieselbe zu instrumentieren. Aus dem Klavierauszug erkannte ich unmöglich die lärmende dicke Instrumentation der musikalisch so außerordentlich dünnen Ritornelle und Zwischenspiele, und der Komponist einer großen C-Dur-Symphonie mit Schlußfuge konnte sich hier nicht anders als mit einigen in Terzen spielenden Flöten und Klarinetten helfen. Die Kavatine klang in der Orchesterprobe so äußerst leer und effektlos, daß mein Bruder, welcher auf diese Einlage verzichtete, mir bittre Vorwürfe wegen der verschwendeten Kopiekosten machte. Doch wußte ich Revanche zu nehmen: der Tenor-Arie des *»Aubry«* in Marschners *Vampyr* fügte ich einen neuen Allegrosatz bei, zu welchem ich auch den Text machte. Meine Arbeit fiel dämonisch und effektvoll aus, trug Beifall des Publikums und ermunternde Anerkennung meines Bruders ein.

Im gleichen deutschen Stile führte ich denn auch im Laufe dieses Jahres (1833) die Musik zu meinen *»Feen«* aus. Mein Bruder und dessen Frau verließen nach Ostern Würzburg, um auswärtigen Einladungen nachzugehen, ich blieb mit den Kindern – drei jungen Mädchen in dem zartesten Alter – allein zurück, was mich in die wunderliche Lage eines verantwortlichen Erziehers setzte, in welcher ich mir um jene Zeit mich nicht sonderlich auszunehmen vermochte. Teils mit meiner Arbeit beschäftigt, teils von lustigem Umgang in Beschlag genommen, konnte es nicht ausbleiben, daß ich die Pflege meiner Ziehkinder vernachlässigte. Unter meinen dortigen Freunden gewann *Alexander Müller*, als tüchtiger Musiker und Klavierspieler und glücklicher junger Lebemann, besondern Einfluß auf mich: namentlich imponierte mir seine wirklich große Fertigkeit im Improvisieren; er vermochte es, über gegebene Themen phantasierend, mich stundenlang zu fesseln. Mit ihm und andren Freunden, unter welchen *Valentin Hamm* durch seine groteske Figur, sein tüchtiges Geigenspiel und namentlich seine enorme Spanne auf dem Klavier (er griff mit einer Hand eine Duodezime) mir sehr unterhaltend war, machte ich oft Ausflüge in die Umgebung, wobei es in bayerischem Bier und fränkischem Wein lustig herging. Der »Letzte Hieb«, ein auf anmutiger Höhe gelegener öffentlicher Biergarten, ward fast allabendlich Zeuge meiner wilden, oft enthusiastischen Lustigkeit und Ausgelassenheit: nie kehrte ich in den warmen Sommernächten von dort zu meinen drei Pflegekindern zurück, ohne über Welt und Kunst in sonderbare Ekstase geraten zu sein.

Eines bösen Streiches entsinne ich mich auch, der mir allezeit als ein schwarzer Flecken in der Empfindung geblieben ist. Unter meinen Genossen befand sich ein blonder, ungemein enthusiastischer Schwabe namens *Fröhlich*, mit welchem ich die Partitur der c-Moll-Symphonie, von jedes eigener Hand geschrieben, ausgetauscht hatte. Dieser ausnehmend weiche aber reizbare Gemütsmensch hatte einen gewissen *André*, dessen etwas maliziöse Physiognomie auch mir nicht sonderlich gefiel, in so heftige Abneigung gefaßt, daß er behauptete, der Mensch verderbe ihm den Abend, wenn er ihn irgendwo antraf. Der unglückliche Gehaßte legte es nichtsdestoweniger darauf an, häufig in unsre Nähe zu kommen: es entstanden Reibungen; immer wieder stellte sich jedoch *André* mit anscheinender Herausforderung an. Eines Abends riß *Fröhlich* die Geduld. Nach einer beleidigenden Antwort suchte er ihn durch Stockschläge von unserm Tisch zu vertreiben: es entstand eine Prügelei, an welcher *Fröhlichs* Freunde, allerdings von eigner Abneigung getrieben, sich beteiligen zu müssen glaubten. Die Prügelwut ergriff auch mich: ich schlug mit den andern auf das unglückliche Opfer unseres Hasses ein und hörte einen Schlag, den ich selbst geführt, auf Andrés Schädel schallen, wobei ich auch den Blick des Erstaunten auf mich gerichtet wahrnahm. Ich trage die Erzählung dieses Vorfalls zur Büßung einer Schuld ab, welche unvergeßlich als Vorwurf einer wahrhaft schmählichen Tat auf mir gelastet hat. Ich kann dieser traurigen Erinnerung nur diejenige aus meiner allerfrühesten Knabenzeit zur Seite stellen, welche sich an den schrecklichen Eindruck heftet, den das mühselige Ertränken junger Hunde in einem flachen Teiche am Hause meines Onkels in *Eisleben* auf mich hinterlassen hat. Da mich im Gegenteil stets ein fast überzärtliches Mitgefühl mit dem Schmerz andrer, und namentlich auch der Tiere, von je oft in große Verlegenheit trieb und mich im jüngsten Alter wiederholt mit einer sonderbaren Anwandlung von plötzlichem Lebensekel erfüllte, sind mir die bezeichneten Erinnerungen an jene übermütigen oder gedankenlosen Handlungen desto lebhafter verblieben.

Um so unschuldiger ist meine Erinnerung an eine erste Liebschaft. Es war ganz natürlich, daß eine der jungen Choristinnen, welchen ich täglich ihre Stimmen einzustudieren hatte, meine Augen auf sich zu ziehen verstand. *Therese Ringelmann*, eines Totengräbers Tochter, verführte mich durch ihre schöne Sopranstimme zu der Annahme, sie zur großen Sängerin bilden zu müssen. Seitdem ich ihr hierüber Eröffnungen gemacht, kleidete sie sich in den Chorproben mit besondrer Aufmerksamkeit und verstand es namentlich durch eine weiße Perlenschnur, welche sie sich durch das Haar wand, meine Phantasie in angenehme Aufregung zu versetzen. Als ich im Sommer allein zurückgeblieben war, erteilte ich Theresen regelmäßigen Gesangsunterricht nach einer mir bis jetzt noch unklar gebliebenen Methode. Auch besuchte ich sie öfter in ihrer Wohnung, wo ich den unheimlichen Vater zwar nie, wohl aber stets ihre Mutter und Schwester antraf. Wir begegneten uns außerdem in öffentlichen Gärten; doch hielt mich stets eine nicht sehr liebevolle Scham davor zurück, mein Liebesverhältnis vor meinen Freunden einzugestehen. Ob hieran die bescheidene Familienstellung, die wirklich geringe Bildung Theresens oder mein eigener Zweifel an dem Ernst meiner Liebe schuld war, kann ich nicht genau bestimmen; nur weiß ich, daß, als ernstlicher auf eine Erklärung meinerseits gedrungen wurde, und noch dazu eifersüchtiger Argwohn bei mir sich einstellte, das Verhältnis bald sich spurlos löste.

Ein innigeres Liebesverhältnis erzeugte sich zu *Friederike Galvani*, der Tochter eines Mechanikers, von sehr scharf ausgesprochener italienischer Abkunft. Sehr musikalisch und mit lieblicher, leicht bildsamer Stimme begabt, hatte sie mein Bruder unter seinen Schutz genommen und ihr zu einem Debut am Theater verholfen, in welchem sie sich glücklich bewährte. Sehr klein von Figur, aber mit großen schwarzen Augen und zärtlichem Naturell, hatte sie bereits einen braven Musiker, den tüchtigen ersten Oboebläser des Orchesters, mit dauernder Liebe an sich gefesselt. Er galt als ihr Bräutigam: nur durfte er, aus Rücksichten für eine gewisse Vergangenheit aus seinem Leben, vor der beabsichtigten und immer noch weit sich hinanschiebenden Verheiratung das Haus ihrer Eltern nicht betreten. Als der Herbst dieses Würzburger Jahres sich herannahte, wurde ich von mehreren Freunden, unter denen auch unser Oboebläser mit seiner Braut sich befand, zu einer ländlichen Hochzeit, einige Stunden von Würzburg, eingeladen. Dort ging es bäuerisch lustig her: es wurde getrunken und getanzt, wobei ich selbst versuchte, mich meiner auf der Geige erlangten Fertigkeit zu erinnern, ohne jedoch die zweite Violine auch nur zu einiger Zufriedenheit meiner Mitmusiker zustande zu bringen. Desto größer waren die Erfolge meiner Person bei der guten *Friederike*, mit welcher ich einige Male toll durch die Reihen der Bauern tanzte, bis die Gelegenheit es fügte, daß die allgemeine Erhitzung alle persönlichen Rücksichten auch für uns löste und wir, während der offizielle Liebhaber zum Tanz aufspielte, uns unwillkürlich herzten und küßten. Daß der Bräutigam beim Gewahrwerden der zärtlichen Unbefangenheiten, welche Friederike mir zuwendete, sich traurig aber nicht eigentlich verhindernd in sein Los fügte, erweckte mir zum ersten Male in meinem Leben ein schmeichelhaftes Selbstgefühl. Nie hatte ich nämlich Veranlassung gefunden, mich der eitlen Annahme hinzugeben, daß ich auf ein Mädchen einen vorteilhaften Eindruck zu machen vermöge. In betreff meiner äußern Begabung, oder daß ich etwa gar hübsch sei, konnte ich nie zu der mindesten Illusion gelangen, und wirklich bemerkte ich auch nie, daß ich je die Blicke eines hübschen Mädchens auf mich gezogen hätte. Dagegen war mir allmählich ein gewisses Selbstvertrauen im Umgang mit männlichen Altersgenossen erwachsen: meine ungemeine Lebhaftigkeit und stets bereite Erregbarkeit gaben mir gegenüber von allen, mit denen ich umging, ein endlich in mein Bewußtsein tretendes Gefühl von einer gewissen Kraft, meine trägeren Genossen hinzureißen oder zu betäuben. An meines armen Oboisten still leidender Zurückhaltung beim Gewahrwerden der feurigen Annäherung seiner Versprochenen gegen mich, gewann ich, wie gesagt, nun auch die erste Empfindung davon, daß ich nicht nur unter Männern, sondern auch unter Frauen für etwas gelten mochte. Der fränkische Wein tat das Seinige, eine immer steigende Verwirrung hervorzubringen, unter deren Schutze ich endlich mit Friederiken mich als offenbares Liebespaar aufführte. In spätester Nacht, bereits bei anbrechendem Tage, ging auf einem Leiterwagen die gemeinschaftliche Heimfahrt nach Würzburg vor sich: diese war der gemütliche Triumph meines anmutigen Abenteuers; während alle übrigen, auch endlich der sorgenvolle Oboist, in den dämmernden Morgen hinein ihren Rausch ausschliefen, wachte ich, an Friederikens Wange gelehnt, unter dem Gesange der Lerchen der aufgehenden Sonne entgegen.

An den darauffolgenden Tagen hatten wir kaum die Besinnung des Vorgefallenen. Eine nicht unanmutige Beschämung hielt uns voneinander zurück; jedoch gewann ich leicht den Zutritt zu ihrer Familie und war von da an täglich gern gesehen, wenn ich auf einige Stunden in unverhohlenem zärtlichen Verkehr in demselben häuslichen Kreise verweilte, von welchem der unglückliche Bräutigam ausgeschlossen blieb. Nie wurde dieses letzte Verhältnis mit irgendeinem Worte berührt, nie entstand bei Friederike auch nur annähernd der Gedanke, darin eine Änderung herbeizuführen; keinem fiel es ein, daß ich etwa an des Bräutigams Stelle treten solle. Die Zutraulichkeit, mit der ich von allen und am meisten von Friederike aufgenommen wurde, hatte ganz den Charaker eines Vorganges in der Natur, ungefähr wie wenn es Frühling wird und nun der Winter aufhört; die Berechnung bürgerlicher Konsequenzen fiel keinem Menschen ein, und hierin besteht das Freundliche und Schmeichelhafte dieses ersten jugendlichen Liebesverkehrs, welcher in keiner Weise in Bedenken und Sorge erweckende Annäherung ausartete. Diese Beziehungen endeten erst mit meinem Fortgang aus Würzburg, bei welchem es noch zu dem zärtlichsten, tränenreichsten Abschied kam. Längere Zeit hielt ich die Erinnerung hieran fest, ohne jedoch eine Korrespondenz zu unterhalten. – Zwei Jahre später besuchte ich auf einer kurzen Durchreise wiederum Friederike: das arme Kind näherte sich mir mit äußerster Beschämung. Ihr Oboist war ihr treu geblieben; ohne jedoch noch die Heirat mit ihm ermöglichen zu können, war sie Mutter geworden. Dann habe ich nie wieder etwas von ihr erfahren. –

Unter all diesen Lebenserregungen arbeitete ich fleißig an meiner Oper. Die gute Laune hierzu war mir durch die liebevolle Teilnahme meiner Schwester *Rosalie* ermöglicht worden. Als mit dem Eintritte des Sommer-Halbjahres meine Einkünfte als Chordirektor aufhörten, übernahm es von neuem die Schwester, mich mit einem ausreichenden Taschengelde treulichst auszustatten, so daß ich, um nichts bekümmert und niemand zur Last fallend, einzig der Vollendung meiner Arbeit mich hingeben konnte. Noch sehr spät habe ich einen längeren Brief von mir an *Rosalie* aus jener Zeit vorgefunden, welcher von einer zarten, fast schwärmerischen Liebe für dieses edle Wesen erfüllt war. – Als der

Winter herannahte, mein Bruder zurückkehrte und das Theater wieder begann, trat ich zwar nicht wieder in Beziehung mit diesem, tat mich aber desto mehr in den Konzerten der Musikgesellschaft heraus, in welchen ich meine große *C-Dur*-Ouvertüre und Symphonie, sowie endlich auch Stücke aus der neuen Oper selbst zur Aufführung brachte. Eine Dilettantin mit vorzüglicher Stimme, Fräulein *Friedel*, sang die große Arie der *Ada*; und zudem kam ein Terzett zu Gehör, welches auf meinen Bruder, der darin mitsang, bei einer Stelle, wie er mir selbst gestand, zu seiner Überraschung eine so ergreifende Wirkung machte, daß er darüber seinen Eintritt verfehlte.

Zu Weihnachten war mein Werk vollendet, meine Partitur mit rühmlichster Sauberkeit fertig geschrieben, und nun sollte ich mit Neujahr nach Leipzig zurückreisen, um dort meine Oper zur Annahme von seiten des Theaters zu bringen. [...]

Wolfgang Koeppen

Der Schriftsteller Wolfgang Koeppen (1906-1996) reflektiert in seinem Essay »Als ich in Würzburg am Theater war« seine Eindrücke von der Stadt, die seine Entscheidung für eine konkrete berufliche Laufbahn begleiten, die er 1926 als Dramaturg in Würzburg einzuschlagen beabsichtigt. Das Leben in der Theaterluft, die Erschließung der Stadt, die Erfahrungen mit einzelgängerischen Originalen, die auftauchen und wiederbegegnen, der stille Dialog mit Riemenschneiders Eva an der Marienkapelle bündeln in einem facettenreichen Pastell eine unkonventionelle Perspektive.

Als ich in Würzburg am Theater war

Ein Brief des Stadttheaters hatte mir eine Stellung als Dramaturg und Gehilfe der Regie versprochen. Auch wollte ich die Universität besuchen, und bald beeindruckte mich wahrlich der Juliusbau der Jesuiten. In seiner Bibliothek roch es nach Schätzen großer Geister und alles durchdringend nach Wein. Ich besuchte das Grab des Herrn Walther von der Vogelweide. Ein kleines Mädchen legte Blumen nieder. Ich dachte es mir schön, in dieser Stadt begraben zu sein. An einem Sonntag erinnerte ich in einer mir anvertrauten Matinee des Theaters vor leeren Stühlen an Max Dauthendey, der 1918 auf der fernen, heißen Insel Java gestorben, 1867 in Würzburg als Sohn eines Photographen geboren war. Die ganze Stadt erschien mir nach einem Titel des Schonvergessenen ultraviolett, ein glänzender Ort aus Schmerz und Lust, Vergänglichkeit und Ewigkeit, Anziehung und Bedrängnis, des Geselligen und der Einsamkeit zu sein.

Ich kam aus der Norddeutschen Tiefebene, wie man mich in der Schule belehrt hatte, überquerte zum ersten Mal den Main, der eine Linie im politischen Reich sein sollte, ich dachte an ein anderes Klima für den Kopf, erreichte Süddeutschland, das man dort, wo ich geboren war, immer verlangend sah, schon als den Süden an sich, sonnenbeschienen und warm, weinselig, geschichtsträchtig, die Häuser gar italienisch, das Vaterland der Kultur mit der ausschweifenden Frömmigkeit des Barock oder voll der Sinnlichkeit des Mittelalters mit seinen Madonnen und Märtyrern. Ich dachte an die gefesselten Hände des heiligen Sebastian. Ich war erwartungsvoll, ich war bereit, war neugierig und lüstern.

Ich traf Eva, wie verabredet, auf dem Markt. Es war im September, dem Erntemonat. Gemüse, Früchte und Trauben zuhauf. Blumen darübergelegt. Das glitt in das Gotteshaus hinein und quoll aus ihm raus. Der tägliche Handel und Wandel war in die Marienkapelle wie hineingeschlagen. Ein

Kaffeehaus in der Grundmauer. Es roch nach Hefe und nach Backofen. Zu Rohrnudeln gab es Wein. Noch kannte ich ihn nicht. Noch war ich schüchtern, ihn zu kosten.

Die Kirche über uns war wie ein geschnitzter, kostbarer Schrein. Eva steht, hängt, klammert sich fest im Portal. Im Profil lieblich, die schmale Schulter, die kleine Brust, das lange Mädchenhaar. Sie blickt auf ihren Markt. Sie gehört dem Markt. Tilmann Riemenschneider verlieh ihr Trauer, Melancholie, Resignation. Das rührt. Von vorn betrachtet eine junge Frau, dem Frauenschicksal ausgeliefert. Das Gesicht bekommt mehr Fläche, Trotz und Ergebung prägten sich ein, fast ein leichter Ekel, der aufsteigt und nicht zu verdrängen ist, berührt von Menschenlos und künftigem Unglück, Schönheit, um die man bangt, die junge Haut des linken Arms, des noch jungfräulichen Leibes, in der rechten Hand den Apfel der Verführung, wie aufgedrängt, zögernd genommen, wahrscheinlich wissend, von nachtwandelndem Charme, Adam schläft und träumt, für Eva fern, auch er wird gefällig sein, lässig tun, was ihm so angekreidet werden sollte.

Auf dem Bahnhof in Würzburg angekommen, aus dem Zug gestiegen, meinen Koffer, von Büchern schwer, an der Hand, Berlin hinter mir, adieu Romanisches Café, auf Wiedersehen großer Lesesaal der Staatsbibliothek, wie würden sie mir fehlen, die Theaterkämpfe, die Zeitungen, die Dachbodenplätze bei Jeßner und Reinhardt, die Kritiker Ihering und Kerr, die Uraufführungen der Jungen Bühne, die Erregung, daß die Welt unterging oder ein Paradies würde für jedermann, fühlte ich mich auf dem Bahnsteig von Bergen umstellt. Der Main, den die Dichter gepriesen, war fern; es war kein liebliches Tal, es war eine Grube, die ich mir gegraben hatte, in die ich gefallen war. Die Weinberge, des Weingotts Gärten, vielleicht von schönen, trockenen Tagen staubbedeckt, drückten wie grauer Fels auf die Schienen. Die Kirche Stift Haug, in deren weiten Erzengelsaal ich später gerne ging, die Orgel, das lateinische Wort, das mich faszinierte, zu hören, mit ihrer mächtigen Kuppel, die Würzburg mit Rom und Florenz eint im Blick von den Höhen ringsum, kam mir in der ersten Stunde, am Wege zum Theater plump, schwer, bedrückend wie der Kerkerbau des Fidelio vor. In einem Gespräch mit dem Bühnenbildner, einem bald berühmten Erneuerer der Opernszene, schlug ich die Kulisse für unseren Fidelio vor, gesehen in der Dämmerung und der Perspektive des Straßenpflasters, doch bestätigte sich der Künstler an dem Vorbild Piranesi, dem Gefängnis als Traum und dekorativen Schrecken.

Das möblierte Zimmer, mir vom Theaterbüro vermittelt, lag im Stadtteil Grombühl, vom Stadtkern, der alt und ehrwürdig war, den ich erkunden wollte, durch die Eisenbahn getrennt, mit ihm durch eine Industriebrücke verbunden, die Leute anzog, die sich hinabstürzen wollten. Auch in Würzburg, der frommen Stadt, gab es Verzweifelte, wie immer und überall. Ich hauste unter ihnen. Ich war enttäuscht und ausgestoßen. Ich wohnte bei der Witwe eines Eisenbahners, der unter die Räder gekommen war. Die Witwe war drall, fleischig, gutmütig, sie lachte gern, wenn ich sie zum Lachen brachte. Der Verunglückte aber sah auf der gerahmten Photographie über meinem Schreibtisch, der seltsam verschnörkelt war und unendlich viele, winzig kleine und gänzlich unbrauchbare Schubladen hatte (es sei denn, man wollte Entwürfe von Theaterstücken in ihnen verstecken), abgezehrt, arbeitsmüde aus, und sein Gesicht unter der Dienstmütze schien sich vorwurfsvoll gegen das Auge der Kamera gewandt zu haben. [...]

Dem Theater war ich verpflichtet, Theater zu spielen. Ich wollte es nicht. Ich konnte es nicht. Ich übte am frühen Morgen vor dem dunklen Zuschauerraum. Ich genügte mir nicht. Ich wollte etwas leisten, etwas hinstellen, ich wollte ein Drama inszenieren, jedoch nicht mich. Mein Verhältnis zu den Zuschauern war gestört. Ich wollte sie nicht unterhalten. Ich dachte, sie zu provozieren. Man gab mir die Rolle des jungen Grafen in den »Soldaten« von Lenz. Ich schrieb als Dramaturg einen Artikel über Lenz und das Stück für eine Würzburger Zeitung und stand steif und unwillig auf der Bühne. Ich ging in die Trainingsstunden der Ballettmeisterin, einer Schülerin der Mary Wigman, ich vollbrachte große Sprünge und seltsame Verrenkungen an der Stange zu ihrem Spaß, fügte mich aber nicht in die Gruppe zum Tanz. Ich korrespondierte aus dem Theaterbüro mit Dichtern wie Hans Henny Jahnn, die ich, aber nicht der Intendant aufführen wollte. Ich gab jungen Poeten Hoffnungen, die ich nicht erfüllen konnte. Ich schrieb im Programmheft einen Nachruf auf Siegfried Jacobsohn, den ersten Herausgeber der »Weltbühne«, und einen Artikel gegen das »Schund- und Schmutzgesetz«, einen Versuch der Zensur, und beides wurde auf Betreiben des Stadtrats aus dem Verkehr gezogen und eingestampft. Es war eine schöne Zeit. Ich dachte, nach dem Ende der Spielzeit zu Piscator nach Berlin zu gehen, der Brecht und Toller aufführte, aber Hans Henny Jahnn spielte er nicht. Auch mich tröstete da über so viel Mißerfolge der vermummte Herr. Er verkehrte im Theatercafé, kannte uns alle, lieh fünf oder zehn Mark, wenn wir sie brauchten. Ihm gehörte ein uraltes schönes Haus mit viel Holz in einer engen Gasse. Er hatte die Regale voll von Büchern, viel Theologisches und Urdeutsches. Ich versuchte, das Mönchslatein zu lernen. Er half mir. Er hatte eine Haushälterin, die vorzüglich kochte. Er hielt alle Zeitschriften, die mich interessierten. Er war wohlhabend, ein Frontoffizier von 1914. Sein Stahlhelm lag zerbeult auf einem Ehrenplatz. Er schätzte Ernst Jünger und das Buch »In Stahlgewittern«. Er stellte Geschichte vor und deutete sie auf seine Weise. Er war für Herrschaft. Er führte mich durch die Residenz. Ich hatte an ein großes Pfarrhaus gedacht, und er zeigte mir eine Hofhaltung. Dörfer waren von den Fürstbischöfen dienstverpflichtet worden, den stolzen Bau zu errichten. Sie wurden mit Wein entlohnt. Der Wein in den Kellern des Marienbergs, der Universität, dann der Residenz war die eigentliche Währung des Landes. Es gab wenig Geld. Alle waren arm. Bis auf die Reichen. Er billigte das. Fast zerstritten wir uns. Ich sah ihn wieder im ersten Jahr des Nationalsozialismus, bei einem zufälligen Aufenthalt. Er schritt über den weiten leeren Platz vor der Residenz, kam vorsichtig auf mich zu, hob den Arm ganz steif gestreckt, schmetterte ein markiges Heil Hitler, sah sich ängstlich um, zog den Kopf, der den Stahlhelm getragen hatte, ein und flüsterte, verschwand.

Betrachtung und Feuilleton

Ricarda Huch

Es gibt eine Reihe von Schriftstellern, zumal unseres Jahrhunderts, die Würzburg erlebt und beschrieben haben, ohne dabei literarischen Gattungen in Großform genügen zu wollen. Zahlreiche, in der Darstellung hochrangige, zum Teil skizzenartige Gedanken, Erinnerungen, Betrachtungen, Meditationen und Impressionen in kleiner Form liegen zuweilen am Rande ihrer Werke oder sind nur versteckt in größeren Sammlungen zu finden.

So hat Ricarda Huch (1864-1947) eine historisch orientierte Betrachtung Würzburgs ihrer Sammlung »Im alten Reich. Lebensbilder deutscher Städte« (1927) eingefügt, mit der sie auf überraschende Weise das Tote und Vergessene wieder ins Leben ruft. Es sind Mauern oder Grabsteine, die Zeiten und Menschen vergangener Epochen in Erinnerung bringen.

Würzburg

Zu Klingenberg am Main – Zu Würzburg am Stein – Zu Bacharach am Rhein – sollen nach einem alten Liede die besten Weine sein. Südliche Sonne wärmt Würzburgs Hügel und kocht die Trauben, die hier gepflegt werden. Rebenbekränzt ist die Stadt, und der Becher, den sie ihren Gästen kredenzt, entzündet Freudenfeuer in ihrer Seele. Auch die Heiligen, die hier herrschen, haben davon getrunken; ihre Gewänder flattern im Tanz, verführerisch winkt ihr Lächeln. Würzburg ist eine Stadt, die fürstliche Herrscher geprägt haben, so mächtige, wie es wenige im Reiche gab. Nach dem Aussterben des ostfränkischen Herzogsgeschlechts maßten sich die Bischöfe von Würzburg die Herzogsgewalt in Franken an, so daß sie in einem bedeutenden Gebiet die geistliche und weltliche Macht vereinigten. Bei einem seiner häufigen Aufenthalte in Würzburg bestätigte ihnen Friedrich Barbarossa das Recht, das sie tatsächlich schon besaßen, ein

Vorgang, der noch im 18. Jahrhundert so wichtig erschien, daß Tiepolo ihn zum Gegenstande eines Deckenbildes in der neuen Residenz machte. Er hat ihn mit dem Prunk und Flitter umgeben, der im Zeitalter des Rokoko Stil war, den Tagen der Hohenstaufen fremd. Nichts, fast nichts ist geblieben aus der glänzenden Zeit, wo Friedrich I. seine Vermählung mit Beatrix, der Erbin von Burgund, hier feierte und Reichsversammlungen abhielt, nichts als ein Stückchen vom Kreuzgang der Neumünsterkirche, wo Walther von der Vogelweide der Überlieferung nach die Vögel fütterte. Es wurde im Jahre 1883 aufgedeckt, als der Kaufmann Rosenthal, um sein Geschäft zu vergrößern, ein altes Haus kaufte, in das der Kreuzgang verbaut war; bei seiner Niederlegung kam der längst Vergessene zum Vorschein. Wie eitles Blendwerk mutet der Rokokozauber an, verglichen mit den schlichten Bogen, die sich naturhaft aus den Säulenkelchen entfalten und melodisch, ein steinernes Bächlein, dahingleiten; ernste Gestalten und phantastische Arabesken sprechen eine Sprache der Ahnung. Die Tragik des Lebens, die in der mittelalterlichen Kunst sich gestaltete, hat das Rokoko mit graziösen Girlanden gedeckt und sich mit der Lieblichkeit des Maintals verbündet, so daß es scheint, als wäre Würzburg der Tanzsaal des Reiches. Und doch ist gerade in Würzburg Blut in Strömen vergossen, viel Schmerz erlitten und Klage erstickt worden. Die Spuren davon findet der tiefer Eindringende auch im Antlitz der Stadt; trägt doch das Werk Tilman Riemenschneiders, des größten Würzburger Künstlers, Züge unauslöschlicher Trauer. Wenn die Götter eines Zeitalters besiegt sind und fliehen müssen, erfüllen sie noch einmal eines Menschen Brust und zwingen ihn, ihnen ein dauerndes Denkmal zu setzen; so mußte Tilman Riemenschneider den Schwanengesang der Gotik singen, er tat es, indem er sich selbst sang. Ob er Bischöfe, Ritter, Apostel oder Heilige darstellte, durch ihr Gesicht scheint immer wie durch eine durchsichtige Maske das seinige mit dem

Ausdruck unergründlicher Schwermut. Weniger zornigen, herzzerreißenden Schmerz stellte er dar, der vergehen könnte, sondern das göttliche Weh des Allwissenden und Alliebenden, das dauert, solange es Menschen gibt.

Vom alten Palast der Bischöfe, der zwischen den beiden Hauptkirchen Würzburgs, dem Dom und dem Neumünsterstift, lag und der im Laufe der Jahrhunderte mehrfach umgebaut wurde, ist nichts mehr vorhanden. Es gereicht den beiden Kirchen nicht zum Vorteil, daß die etwas trockene Erscheinung des Domes freigelegt und an das Neumünsterstift die plebejische Nachbarschaft von Warenhäusern gerückt ist. Je weniger er aber auf Außerordentliches vorbereitet ist, desto mehr überwältigt den Eintretenden das Innere des Domes. Der Reichtum barocker Verzierung wirkt überzeugender als sonst im Verein mit dem hohen Ernst des gotischen Raumes. In den aufgerichteten Grabsteinen der herzoglichen Bischöfe tritt auch dem Unkundigen die Schicksalswucht eines tausendjährigen Zusammenhangs vor Augen.

Da stehen sie aufgereiht, die Fahne in der Hand, die Mitra auf dem Haupte, die Herren aus meist fränkischen Adelsgeschlechtern, die, wie sie persönlich auch verschieden sein mochten, nach dem einen Ziel strebten, die ihnen auf kurze Zeit verliehene Macht zu befestigen und zu erweitern. Gottfried von Spitzenberg, der mit Barbarossa ins Heilige Land zog und in Antiochien starb, Mangold von Neuenberg, ein Hohenlohe, ein Grumbach, aus dessen Familie dem Bistum später ein erbitterter Feind kommen sollte, dann ein plastisches Meisterwerk und ein Menschenbild von ausgeprägter Einzigkeit und Unwiederholbarkeit: Otto von Wolfskeel. Päpstlich gesinnt, im Gegensatz zu einem von dem gebannten Kaiser Ludwig dem Bayern eingesetzten Bischof gewählt, verbot er dennoch den Pfarrern seiner Diözese, Befehle von seiten des päpstlichen Stuhles zu befolgen oder nur bekanntzugeben. Schmale Augen, süße, beredte Lippen in einem Gesicht von auserlesener Vornehmheit, trotz der zerschlagenen Nase, überhaucht von Skepsis und Undurchdringlichkeit. Der Hochmut in diesen Zügen ist so fein, daß er nicht stört. Kann ihm ein Papst, kann Gott ihm sagen, wozu? Handeln und schweigen, redend das Innerste verschweigen. Aber der biegsame, schilfschlanke Körper im langen Gewande schwebt und stimmt in die Musik der Sphären ein.

Unter Gerhard von Schwarzburg führte der immerwährende, bald im stillen schleichende, bald wild ausbrechende Kampf zwischen der Stadt und dem Bischof zu furchtbarer Katastrophe. Am Ende der Hohenstaufenzeit gab es Rat und Bürgermeister in Würzburg, die in ziemlich hohem Grade Selbstverantwortung besaßen und nach völliger Unabhängigkeit von den Bischöfen strebten. Gerhard von Schwarzburg wollte durchgreifen, und es gelang ihm mit Waffengewalt: er hob die Zünfte auf und nahm die Befestigung und die Wahl von Rat und Bürgermeister an sich. Während er sich auf seine zahlreichen Vasallen stützte, konnte Würzburg nur auf den Kaiser hoffen; es war damals der blindlings zutappende Wenzel. Er kam im Jahre 1397 in Person nach Würzburg und behandelte die jubelnden Bürger als reichsfrei; sie befestigten den Reichsadler an den Toren und am Rathause. Auf Drängen des Bischofs jedoch gab Wenzel die Stadt preis, und sie stand nun auf sich selbst angewiesen dem mächtigen Herrenbunde gegenüber, nicht einmal in sich selbst einig. Die Geschlechter nämlich sahen die steigenden Ansprüche der Zünfte ungern und waren, obwohl dem Bischof gegenüber gleichfalls selbstbewußt, vorsichtiger als die Handwerker, nicht soviel wie sie aufs Spiel setzend. Die radikale Richtung gewann das Übergewicht und führte zum Untergang. Da es in der belagerten Stadt an Lebensmitteln fehlte, überfielen die Bürger das bischöfliche Lager, um sich der dort aufgehäuften Vorräte zu bemächtigen, und wurden von dem weit überlegenen Heere, das der Dompropst Johann von Eglofstein, bald Gerhards Nachfolger, führte, vollständig geschlagen. Von den dreitausend Städtern, die ausgezogen waren, wurde die Hälfte teils erschlagen, teils gefangen. Unter denen, die der Sieger hinrichten ließ, befanden sich vier aus den vornehmsten Geschlechtern: Hans Weibler, Jakob von Löwen, Seifried von Rebstock, Hans von Erfurt. Gerhard von Schwarzburg lag während der Schlacht todkrank, erschien, um das grausame Strafgericht zu vollziehen, und starb wenige Monate hernach. Seit der Zeit verschwanden die patrizischen Geschlechter aus Würzburg; soweit sie nicht ausgestorben waren, wanderten sie aus. Die Weibler, Fuchs, Teufel, Stere, Lintwurm und Zentgreve gingen nach Nürnberg, die Zingel nach dem benachbarten Heidingsfeld, das, glücklicher als Würzburg, das Kleinod der Reichsunmittelbarkeit besaß.

Zwei Grabmäler treten unter den zeitlich folgenden hervor: es sind die, aus denen der Geist Tilman Riemenschneiders uns anspricht. Das eine stellt Rudolf von Scherenberg dar, der starb, als der Künstler eben zum Mann erwachsen war. Ein Nürnberger Arzt besuchte den Bischof auf dem Marienberge und wurde von ihm, der damals vierundneunzig Jahre alt war, gütig empfangen und bewirtet. Träumerisch rückblickend erzählte der Alte, was für eine harte Jugend er durchlebt habe, wie er von der Armut gedrückt gewesen sei und wie er es sich in seinem Amt habe sauer werden lassen, um das verschuldete Bistum wieder in guten Stand zu setzen. Vierzehn Tage später starb er. Riemenschneider hat ihn persönlich gekannt, und es ist anzunehmen, daß er ihn so dargestellt hat, wie er ihm erschien. Das hohe Alter hat seine Körperlichkeit so aufgezehrt, daß sie wie ein dünner Schleier über dem Antlitz liegt, unter dem man die Seele wie ein Sternenlicht beben sieht. Alles, was an irdischer Leidenschaft und Wahn im Menschen ist, hat sich in erkennende Milde gewandelt; aber in den Falten des Schleiers sieht man, wieviel Mühe und Schmerz diese Verklärung gekostet hat. Wer würde glauben, daß dieser Greis den sogenannten Pfeifer von Niklashausen, Hans Böhm, der das Evangelium von der Zukunft predigte, wo Brüderlichkeit und Gleichheit herrschen würden, ergreifen und verbrennen ließ? Der Taubergrund, wo die kommunistische Flamme unter den gequälten Bauern aufschlug, gehörte zu gräflich Wertheimschem Gebiet; da die Grafen nicht einschritten, hielt es der Bischof für nötig, sie zu zertreten. Keine Regierung zu irgendeiner Zeit hätte anders gehandelt; die Strafe des Verbrennens entsprach damals geltendem Recht.

Neben dem Alten, dem Letzten seines Geschlechts, steht in edler Kraft Lorenz von Bibra, sein Nachfolger. Wie sehr er Tilman Riemenschneider schätzte, geht daraus hervor, daß er das Grabmal seines Vaters, des Ritters Hans von Bibra, von ihm anfertigen ließ. Er war bedeutend genug, um sich zu Luther hingezogen zu fühlen, der mit einem Empfehlungsschreiben des Kurfürsten von Sachsen ihn wegen eines Geleitbriefes aufsuchte. »Euer Liebden«, schrieb er dem Kurfürsten, »wollen ja den frommen Mann Doctor Martinus nicht wegziehen lassen, denn es geschehe ihm Unrecht.« Noch in demselben Jahre, es war 1519, starb der Bischof; Luthers Freund Spalatin war überzeugt, er wäre evangelisch geworden, wenn er länger gelebt hätte. Es geht die Sage, Riemenschneider habe Luther im Augustinerkloster, wo er abgestiegen war, an der Stelle des jetzigen Alten Gymnasiums, besucht. Der Künstler wohnte nicht weit davon in der Franziskanergasse. Von den Augustinern, die damals im Würzburger Kloster waren, sind mehrere hervorragende Reformatoren geworden.

Das Epitaph Konrads von Thüngen, der dem Bibra folgte, ist im neuen Stil der Renaissance gehalten. Nicht mehr Riemenschneider hat es verfertigt, obwohl er noch lebte; das ausgesprochen deutsche Seelenleben ist daraus geschwunden. Der Bischof kniet vor einem Kruzifix, zwei hinter ihm stehende Personen tragen die Abzeichen seiner Gewalten, die eine die Inful, die andere das Schwert. Den Schwertträger könnte man für einen Henker halten und daran denken, daß dieser Bischof es war, der die aufständischen Bauern besiegte und in die mit ihnen verbündet gewesene Stadt, vom Henker begleitet, einzog. Tilman Riemenschneider war zur Zeit des Bauernkrieges Bürgermeister, und unter seiner Leitung beteiligte sich die Stadt an der Bewegung, die Gelegenheit erfassend, um womöglich die entrissenen städtischen Freiheiten zurückzugewinnen. Während Konrad von Thüngen entfloh, verteidigten der Dompropst Markgraf Friedrich von Brandenburg und Sebastian von Rotenhan den Marienberg. Über die Besiegten erging ein grausames Strafgericht; Tilman Riemenschneider, dessen Werk heute noch und, solange es Deutsche gibt, in Franken leuchtet, wurde in den Turm geworfen und gefoltert. Der Chronist der Würzburger Bauernrevolte, der die tragischen Vorgänge miterlebte, schildert, wie der rachsüchtige Sieger und Richter eine Menge von Teilnehmern versammelte und alsbald »drey henker wie die freissame wölf« herzutreten und würgen ließ. Die Menschen, sagt er, seien wie Hühner geschätzt worden, und voll grimmiger Bitterkeit berichtet er, wie der Bischof und der Adel, von dem ein Teil sich der Bewegung angeschlossen gehabt hatte, nach langem Hader sich auf Kosten des armen Mannes versöhnten und den erlittenen Schaden so hoch anrechneten, daß viele anstatt alter Rattennester köstliche Schlösser aufbauen konnten. »Der allmächtig gott«, so schließt er, »wolle die gottlosen tyrannen ausreuten, verderben, schenden und plagen offentlich, amen.«

Die Blütezeit der Würzburger Bürgerschaft war das 14. Jahrhundert. Damals stiftete Johann von Stere aus eigenem Vermögen das Bürgerspital an der heutigen Theaterstraße, einst vor dem Hauger Tore gelegen; die Brüder Wolfram und Rüdiger von Teufel beschenkten es reichlich. Es besitzt noch immer, wie das Juliusspital, ein hauptsächlich in Weinbergen bestehendes großes Vermögen. Um die gleiche Zeit erwarb der Rat den Graf-Eckards-Bau, einen alten romanischen Wohnturm, mit dem angrenzenden Hof zum Grünen Baum als Rathaus; bis dahin hatte man die Versammlungen im gegenüberliegenden Hof zur Sturmglocke abgehalten. Im Jahre 1377 wurde an Stelle der niedergerissenen Synagoge der Grundstein zur Pfarrkirche, der Marienkapelle, gelegt. Nach der unheilvollen Schlacht bei Bergtheim, die die städtische Macht und Freiheit vernichtete, fanden große Schenkungen der Bürger an ihre Kirche statt; Männer gaben ihre Rüstungen, Frauen ihren Schmuck als Opfer dem Richter über den Wolken. Betaut von Tränen, erwuchs Würzburgs schönste Kirche, in ihrer Grazie ein rechtes Marienhaus. Der zierlich-schlanke Turm ist im vorigen Jahrhundert in Nachbildung des Eßlingers entstanden. Im Tympanon des Nordportals ist eine Verkündigung, in dem des Südportals die Krönung Marias dargestellt. Das Geheimnis der Verkündigung ist in der Weise anschaulich gemacht, daß vom Munde Gottvaters zum Ohre der Jungfrau ein Schlauch herabführt, der ein kleines Kind befördert, den Geisteskeim, der zugleich mit jedem körperlichen empfangen wird, insbesondere, wenn es sich um ein Gotteskind, um den Sohn Gottes handelt. Ein Buch in der Hand der Auserwählten macht den Sinn des Mysteriums noch deutlicher. Ein reichgestickter Schleier gotischen Zierats ist über den Leib der Kirche ausgebreitet, bunte kleine Krambuden, in denen Wachskerzen und Honiggebäck verkauft werden, kleben an ihrem Saum und verbinden sie traulich mit dem Leben des Marktes, wo im Sommer und Herbst goldgelb, rotgeflammt und grün die reiche Ernte des Maintals sich ausbreitet. Rechts und links vom Südportal sind zwei Plätze leer; dort standen Riemenschneiders Steinbilder von Adam und Eva, für die der Rat seinem Künstler zehn Gulden über den ausgemachten Lohn gab, »dieweyle si meysterlich, künstlich, zierlich und erlich gemacht sind«. Es sind zwei schlanke, junge Gestalten, Eva noch schimmernd von Paradiesesschmelz, Adam schon berührt von der Qual und Wonne bewußten Lebens. Um sie vor weiterer Verwitterung zu schützen, sind die beiden Figuren in das Luitpoldmuseum übertragen worden. Auch im Inneren der Kirche befinden sich mehrere Werke von Riemenschneider, darunter ein Meisterwerk: der Grabstein des Ritters Konrad von Schaumburg, der im Jahre 1499 bei einer Kreuzfahrt auf dem Meere starb. Dem geharnischten Manne hat der Künstler die erhabene Trauer und erkämpfte Milde eingehaucht, die sein Eigentum waren. Ein Teil der fränkischen Ritterschaft beschenkte die Marienkirche und wurde dort beigesetzt. Auf ihren Grabmälern sehen sie bieder und wacker und mehr oder weniger durchschnittlich aus; unter ihnen steht Konrad von Schaumburg mit seiner Last des Erlebthabens und seinem Blick ins Jenseits wie ein christlicher Heros. Man könnte in ihm auch eine Verkörperung der großen deutschen Revolution sehen, die, getragen von Rittern und Bauern, das alte Reich erneuern sollte und niedergeworfen wurde.

Vom Dom führt eine fröhliche Straße zum Main hinunter und nach der steinernen Brücke, deren Bau Rudolf von Scherenberg als Ersatz für die hölzerne des Meisters Enzelin begann. Bis zum Jahre 1545 bestand hier ein Brückengericht, das unter freiem Himmel über Gut und Blut tagte; außerdem erwies sich die Heiligkeit der Brücke durch ein Asyl für arme Sünder, das sie aufnahm, wenn es ihnen gelang, auf dem Gang zur Richtstätte dorthin zu entfliehen. Diese mittelalterlichen Einrichtungen ersetzten im 18. Jahrhundert die vom Flattern ihrer Gewänder jubelnd umrauschten Brückenheiligen.

Drüben ist altertümliche Gegend: südlich führt ein behaglicher Häuserzug nach der ältesten von den erhaltenen Kirchen Würzburgs, die den Namen des ersten Bischofs, Burkard, trägt, und zum Burkarder Tor; nördlich liegt die schöne gotische Deutschherrenkirche, deren Turm der Rest einer königlichen Burg sein soll, die die Hohenstaufen an dieser Stelle als bischöfliches Lehen besaßen. Möglicherweise hat hier die Hochzeit Barbarossas mit Beatrix von Burgund stattgefunden. Der Schottenanger, jetzt ein stiller Platz, war einst eine Richtstätte; im Jahre 1476 wurde dort der Pfeifer von Niklashausen verbrannt. Zwischen den beiden Kirchen führt die Straße zum Marienberg hinauf, dessen Abhänge die Rebe des Leistenweins umrankt und dessen Gipfel die bischöfliche Burg krönt. Ein Überfall von seiten der rebellischen Bürgerschaft bewog den Bischof Hermann von Lohdeburg, seine Residenz vom Dom auf den Berg zu verlegen. Da seine Nachfolger Ursache hatten, ihren Bürgern zu mißtrauen, suchten sie durch immer stärker ausgebaute Befestigungen ihren Sitz zu einer uneinnehmbaren Festung zu machen. Das gelang ihnen; nicht ohne Grauen sieht man die fürchterliche Mauer, von der die Bauern sich zu Tode stürzten. Aus dem Graben, den ihre zerschmetterten Leichen füllten, schwillt jetzt ein Dickicht von Bäumen und Büschen empor. Allmählich steigt man durch wuchtige Tore zum inneren Hof der Burg; drei quadratische Türme in den Ecken, ein runder Bergfried in der Mitte, der alles überragt, die Mauern, die nur hie und da ein ritterliches Wappen schmückt, diese einfachen Linien wirken wie ein Element, wie das Meer oder das Feuer. Die romanische Kirche, an die ein gotisches Chor angebaut ist, soll an der Stelle einer uralten hölzernen Kapelle stehen, eines Heiligtums aus der Zeit, als thüringische Herzöge unter der Oberherrschaft der Merowinger hier geboten. Dort ist das Grabmal des Bischofs Julius Echter von Mespelbrunn, des ersten modernen Fürsten von Würzburg.

Er war keine religiöse Natur, sondern ein Herrscher; er war noch jung, als er sagte, er wolle nicht zu denen gehören, die weder Fleisch noch Fisch wären. Hätten es die Umstände begünstigt, so wäre er evangelisch geworden, ja er trug sich, wie es scheint, mit diesem Gedanken, da er einsah, daß es evangelische Fürsten leichter hatten, alle Lebensgebiete unter ihre Gewalt zu bringen und daher eine durchgreifende Ordnung herzustellen; aber als Nachbar der einflußreichen bayerischen Herzöge hielt er es für richtig, seine Politik mit der ihrigen in Einklang zu bringen, und entschloß sich dazu, in seinem Lande den Katholizismus nach bayrischem Rezept einzuführen. Dessen Hauptgedanke war, bei den Spitzen anzufangen, da die Geringeren den Höheren von selbst folgen würden. Dabei verfuhr er schonungslos, wie es damals im ganzen üblich war. Für Gewissenskämpfe hatte er keinen Sinn; er wollte allgemeine Einordnung in ein einheitliches System, in dem die großen Organe Kirche, Verwaltung, Recht als von einem Mittelpunkt aus zu leitende Triebräder umliefen. Das Juliusspital und die Universität zeugen von seinem großen Sinn.

Zum erstenmal erscheint in Deutschland ein so umfassender Universitätsbau; im Mittelalter pflegte man, was sich an geeigneten Räumen vorfand, gewöhnlich war es in Klöstern, für Vorlesungen und sonstige Bedürfnisse zu benutzen. In seiner Pracht, seinem Umfang, seiner Festigkeit zeigt er sich als Schöpfung eines Fürsten und ein Mittel zur Begründung staatlicher Herrschaft, allerdings im Einverständnis mit der Kirche. Daß die Universität keine Kultur verbreitete, zeigte sich in den folgenden Jahrzehnten; denn nirgends hat der Hexenwahn so furchtbar gewütet wie in Würzburg.

Zu Beginn des 18. Jahrhunderts war die Unterwerfung der Stadt eine so vollendete Tatsache, daß die Bischöfe ihre Festung, wo sie sich, mehr Feinde als Landesherren, verschanzt hatten, verlassen konnten, um inmitten ihrer Untertanen zu wohnen. Die Fürsten waren Gott geworden, Gott ihr oberster Hofbeamter. Unter einer Reihe begabter und wohlwollender Bischöfe aus den Familien Schönborn, Hutten, Seinsheim ließ Balthasar Neumann mit vielen Mitarbeitern die Residenz erstehen, eine der schönsten unter den neuen Tempeln der Erdengötter. Dem Glück eine Stätte zu bereiten, wo Leiden, Krankheit, Mangel jeder Art ausgeschaltet scheinen, haben die bildenden Künste verschwenderisch zusammengewirkt. Der venezianische Himmel, den Tiepolo über dem Treppenhause ausgespannt hat, der Park mit Wagners steinernen Schelmenkindern, die schmiedeeisernen Portale des Tirolers Oegg, Gitter vor einem irdischen Paradiese, sind Kostbarkeiten, die mit der Würzburger Luft und dem Würzburger traubenspendenden Boden notwendig verbunden erscheinen, eigentlich ihre Erzeugnisse.

Romantischer noch ist das Barock in dem nahen Veitshöchheim. Zwischen dunklen Teichen und alten Weiden mit schleppenden grauen Mähnen ist eine Traumwelt erstarrt, die wir wie Nachtwandler durchirren. Da sind Flußgötter mit triefendem Haar und Urnen, Sphinxe in tiefausgeschnittenem Rokokokleid, mit verschnörkelten Anhängern und Bracelets, mit hochgetürmten Frisuren und einem unsäglich albernen Lächeln auf dem aufgesperrten Munde. Stachelige Drachen kriechen die Balustrade hinauf, aufgeblasene Löwen halten Wappen. Aus dem unbewegten Wasser steigt ein Fels auf, der Apollo und die Musen trägt, höfische Schäferinnen mit verdrehten Gebärden, die Geigen und Flöten halten, Pegasus bäumend in der Mitte, ein Göttertier, wild und bizarr, ein schwarzer Blitz, der die schwermütige Parkeinsamkeit durchreißt. Schwebend, selbst von seinem Musizieren hingerissen, bannt Orpheus mit der Geige Adler, Hirsch und Eber zu seinen Füßen, Faune blasen die Syrinx.

Wenn in Würzburg viel Altes ohne Not niedergerissen ist, so ist es im ganzen gelungen, Industrie und Technik vom Bilde der Stadt fernzuhalten. Ein Oeggsches Rosendornengitter umkreist sie unsichtbar und hütet ihre Schönheit, ohne sie vom Leben abzuschließen.

Josef Hofmiller

Wie Ricarda Huch hat auch Josef Hofmiller (1872-1933) Würzburgs Wein zum Ausgangspunkt genommen, um nach geographischer Überschau auf Würzburg den Blick zu weiten für eine Vielzahl von Einzelheiten, die die Stadt und ihre Bewohner ausmachen. Geschichte, Kultur und Menschen werden wie unter einem Brennglas zusammengeführt und miteinander in Beziehung gebracht. Der Essay erschien erstmals im Jahr 1928.

Würzburg

Das Maintal zwischen Bamberg und Mainz ist mit seinen vielen Windungen eine der anmutigsten und geistreichsten deutschen Landschaften, deren verschwiegene Reize freilich ganz nur der kennenlernt, der sie zu Fuß abwandert oder, noch besser, im Faltboot an sich vorübergleiten läßt. Furten, Brücken und Straßen schufen hier seit Urzeiten kleine und größere Städte von einzigartigem Reiz. Die steilhügeligen Hochufer der fränkischen Platte bilden die eindrucksvollen Hintergründe der Talsiedlungen. Bamberg baut sich auf von der Fußsohle bis zum hohen Dom mit einer Stufung, die beinahe die berühmte von Schwäbisch-Hall übertrifft. Schweinfurt, Marktbreit, Ochsenfurt, Kitzingen, Würzburg heißt die erste Steigerung; Gemünden, Lohr, Wertheim, Miltenberg, Aschaffenburg die mittlere; Hanau, Offenbach, Frankfurt, Mainz hinaus zum Rheingau die dritte. Würzburg aber, gleich weit entfernt von Aschaffenburg und von Bamberg, ist Mitte und Kronjuwel dieses schimmernden Stirnreifs.

Das heutige Bayern besitzt nicht nur charaktervoll ausgeprägte Städte-Individuen, sondern auch geschichtlich und architektonisch zusammengehörige Städte-Familien. Da ist vor allem in den Stammlanden die Reihe der herzoglichen

Residenzen: Regensburg, Burghausen an der Salzach, Landshut, Straubing, Neuburg an der Donau, Ingolstadt, München. Da sind die geistlichen Fürstensitze: Kempten, Freising, Eichstätt, Regensburg, Bamberg, Würzburg, Aschaffenburg. Eine deutliche Reihe und Steigerung je für sich bilden die vier katholischen Innstädte im Süden: Rosenheim, Wasserburg, Mühldorf, Passau, und die drei evangelischen Markgrafenstädte im Norden: Erlangen, Bayreuth, Ansbach. Und nun erst kommt die lange Süd-Nord-Reihe der freien Reichsstädte von Lindau über Memmingen, Kaufbeuren, Mindelheim zu dem ersten Glanzpunkt Augsburg und weiter über Donauwörth, Nördlingen, Dinkelsbühl, Rothenburg ob der Tauber zum zweiten, Nürnberg. Zu ihr bildet die Ost-West-Reihe der vier alten geistlichen Fürstensitze Bamberg, Würzburg, Aschaffenburg, Mainz die Senkrechte. Von jeder dieser Städte gilt, was Goethe 1786 auf der Fahrt nach Italien über Regensburg schreibt: »Die Gegend mußte eine Stadt herlocken.« Würzburg aber, eine Zeitlang Reichsstadt, seit Jahrhunderten zugleich geistlicher Fürstensitz wie Regensburg, ist noch einiges mehr.

Zunächst ist Würzburg von jeher neben Kitzingen der Mittelpunkt des fränkischen Weinhandels. Zu einer Zeit, die weder vom Pfalzwein noch vom Moselwein etwas weiß, nennt der Vers, der die edelsten Reben aufzählt, neben einem Rheinort zwei Mainorte:

»Zu Klingenberg am Maine,
Zu Würzburg an dem Steine,
Zu Bacherach am Rheine
Wachsen die besten Weine.«

Noch im 18. Jahrhundert steht der Frankenwein allein ebenbürtig neben dem Rheinwein, und Würzburger Weißwein ist der tägliche Haustrunk des alten Goethe. Aber Würzburg liegt nicht nur sehr günstig inmitten der altberühmten Weindörfer: Iphofen, Sommerach, Volkach, Rödelsee, Randersacker, ihm zu Häupten steht zugleich das weithin strahlende Doppelgestirn des fränkischen Weinbaus überhaupt: die jahrhundertealte Frage, ob dem Stein oder dem Leisten die Krone gebühre, diese Frage wird je nach Jahrgang und Lage glücklicherweise immer wieder von neuem aufgeworfen und von Kennern gründlich geprüft werden müssen. Wenn der dunkle Bocksbeutel, die niedrige, stämmige, bauchige Flasche des Frankenweins, entkorkt ist, und ein Pfülben oder Escherndorfer von wackerem Wachstum und gesegnetem Jahrgang – der letzte herrliche war 1929 – golden im Glase funkelt, so duftet das Gemach nach dem verjährten Sonnenschein eines gnadenvollen Herbstes.

Aber Würzburg ist nicht nur seit fast 1200 Jahren Bischofssitz, es war auch über 800 Jahre lang eine Festung, und diesem Umstande verdankt es, als nach 1866 endlich der als drückend empfundene Reif der Befestigungswerke gelöst wird, den grünen Kranz seiner Glacis und Ringstraßen, einen schmalen Park mit vornehmen alten Bäumen, gepflegten Anlagen und reizenden Fußwegen, der sein südliches Gegenstück im Salzburger Mönchsberg hat. Salzburg, Bamberg, Würzburg – schon Alfred Lichtwark, der weitgereiste, feinsinnige Direktor der Hamburger Kunsthalle, der »wie ein Verliebter« durch schöne Städte ging, hat das Gemeinsame dieser drei geistlichen Sitze sofort erkannt: »ein Ausdruck des Willens fürstlicher Menschen, die es heute nicht geben kann. Der Bischof als Lebensprinzip seines kleinen Roms wollte das Höchste, was seine Mittel erlaubten, und er setzte es durch. Mit Bamberg und Salzburg hat Würzburg die Grundgestalt gemeinsam, den hohen Fels mit der Veste des Mittelalters, die Stadt zu seinen Füßen, die in den Zeiten der Sicherheit und Unumschränktheit des 17. und 18. Jahrhunderts ausgestaltet wurde.«

Eine vierte Stadt noch kommt einem unwillkürlich in den Sinn, wenn man, nichts suchend, sondern nur offenen Auges auf Schritt und Tritt findend, das alte Würzburg auf sich wirken läßt, nämlich der innerste Kern von Wien, der adelige erste Bezirk: hier wie dort keine weithin durchgreifenden Straßenzüge – wie etwa in Augsburg vom Dom bis Sankt Ulrich, oder in Nürnberg vom Königstor bis zur Kaiserburg –, sondern ein durch das äußere Polygon der Festung bedingtes Innen-Polygon von Straßen, im Falle Würzburg Juliuspromenade - Theaterstraße - Hofpromenade - Neubaustraße. Hier wie dort in der Mitte der Dom und, gewissermaßen die alten Straßenzüge enger aneinanderdrückend, die raumschwelgerischen gewaltigen Baumassen der Wiener Hofburg und der Würzburger Residenz. Ringsherum aber, vom Fluß ausgehend und in einer riesigen Schleife zum Fluß zurückleitend, hier wie dort der Park-Ring der aufgelassenen alten Umwallung, ein breites grünes Dreiviertelsrund, erfüllt von Luft und Licht und Sonne.

Schön und offen bietet sich die Stadt von oben, von der Höhe der Festung des gegenüberliegenden Ufers. Von hier aus sah sie Heinrich von Kleist »in der Abenddämmerung, nicht ohne inniges Vergnügen. Die Höhe senkt sich allmählich herab, und in der Tiefe liegt die Stadt, wie in der Mitte eines Amphitheaters. Von beiden Seiten hinter ihr ziehen im halben Kreise Bergketten sich heran und nähern sich freundlich, als wollten sie sich die Hände geben.« Doch nicht minder schön empfängt sie den Wanderer, der sich ihr auf der natürlichen Zufahrtsstraße von Veitshöchheim her nähert. Dann wachsen ihre vielen Türme zusammen zum geschlossenen Bilde der geistlichen Stadt. Neben dem Vierkant des Grafen-Eckart-Turms des Rathauses steht der feine durchbrochene rötliche Turmhelm der spätgotischen Marienkapelle, in der Mitte beherrschend die vier romanischen Türme des Doms, daneben die barocken Kuppelbauten von Neumünster und die mächtigen Westtürme neben der Vierungskuppel von Stift Haug, Bauwerke aus einem halben Jahrtausend einträchtig nebeneinander, von denen jedes, organisch gewachsen, ruhig seine eigentümliche Formensprache verkündet.

Man kann nicht in Würzburg herumgehen, ohne immer wieder auf zwei Namen zu stoßen, beides Namen von Fürstbischöfen. Der eine ist der Spessartsproß Julius Echter von Mespelbrunn, eine Gestalt von Renaissanceausmaßen, jeder Zoll ein Herrscher, hart und groß, der Stifter des Julius-Spitals und der Universität, der sein Bistum verwaltete mit Schwert und Stole. Der andere Name ist Schönborn: die beiden rheinischen Grafen und Fürstbischöfe Johann Philipp Franz und Friedrich Karl, die Erbauer der Würzburger Residenz, des »vollkommensten Profanbaus des 18. Jahrhunderts«, wie Dehio sie nennt, eines der herrlichsten Stücke Barockarchitektur nicht nur in deutschen Landen. Denn abermals muß man an Wien denken, will man ein Seitenstück finden, an Lukas von Hildebrandts Palais für den Prinzen Eugen, das Belvedere: der wegen des tiefen Ehrenhofs manchmal angezogene Vergleich der Würzburger Residenz mit Versailles ist ein Unrecht gegen die unvergleichlich genialere Schöpfung Balthasar Neumanns. Neben ihr verblassen selbst so großgedachte Anlagen wie Bruchsal, und nur die Leistungen allerersten Ranges halten sich, wie Belvedere und Hofburg in Wien und Schlüters Berliner Schloß. Es lag durchaus im Stil einer so monumentalen Baugesinnung, wenn zum letzten Schmuck der herrlichen langen Flucht von Sälen und Zimmern, nämlich zur Ausmalung der repräsentativen Räume der Würzburger Residenz, des kühn angelegten Treppenhauses, der üppigen Hofkirche und des grandiosen Kaisersaals, aus Italien der virtuoseste Künstler berufen wurde, den Europa damals in dieser Gattung aufwies: Gian Battista Tiepolo, dessen Würzburger Deckenkolossalgemälde die 300jährige Geschichte der venezianischen Malerei mit berauschender Festlichkeit beschließen. Wohl bleibt die größte Sehenswürdigkeit einer Stadt immer sie selbst; ihre Straßen und öffentlichen Plätze mit ihren Baudenkmalen. Doch liegt es im Wesen eines Gemeinwesens von so ausgesprochen kirchenfürstlicher Vergangenheit, daß auch die Innenräume seiner Hauptkirchen von selbst zu stadtgeschichtlichen Sehenswürdigkeiten werden, zu steinernen Ahnengalerien im großen Stil. In diesem Sinne wäre es ein Versäumnis, nicht in den aus dem 12. und 13. Jahrhundert stammenden Dom einzutreten, vor allem wegen der an den Pfeilern des Mittelschiffs befindlichen Bischofsgrabmäler, neben jenen im Dom von Mainz »die großartigste Reihe, die Deutschland besitzt«. Die zwei berühmtesten stammen von einem Bildhauer, der an der Grenzscheide von Mittelalter und Renaissance steht, und den man nirgends so kennenlernt wie in Würzburg, von Tilman Riemenschneider, der hier gewirkt hat und sogar 1520-1524 Bürgermeister war. Wer seine beiden Grabplatten im Dom bewundert hat, wird unwillkürlich wünschen, noch mehr von dem Meister zu sehen. In der Neumünsterkirche, deren Stirnseite aus rotem Sandstein mit der Freitreppe davor prachtvoll wirkt, stehen seine drei Frankenapostel und eine liebliche Maria mit dem Kind. Wer aber den Künstler nicht nur in seiner Vielseitigkeit, sondern auch in seiner reinen Größe ganz kennenlernen will, muß ihm bis ins Luitpold-Museum nachgehen. Dort findet er zweimal Mutter Anna selbdritt, eine feine Barbara, eine trauernde Maria, die Doppelmadonna vom Kronleuchter, vor allem aber die wundervollen nackten Gestalten von Adam und Eva, die für Würzburg etwa das bedeuten, wie die Madonna aus dem Germanischen Museum für Nürnberg, der Reiter und die Prophetin für Bamberg, Kirche und Synagoge für Straßburg. Erst wer diese Werke kennt, wird sich staunend bewußt, welch großartige Leistungen die deutsche Plastik dieser Epoche geschaffen hat. Sie allein schon würden den Besuch Würzburgs lohnen, nicht nur den des Museums. Sicher enthält dieses außerdem noch manches sehenswerte Stück, aber wenn sie fast alle mehr oder minder noch in den Rahmen einer ausgezeichneten Provinzialsammlung einzuordnen sind, so gehört der Riemenschneider-Saal hingegen der Welt der ganz großen internationalen Kunst an so gut wie der Donatello-Saal im Florentiner Bargello.

Es gibt Museen, die in ihrer Stadt wie Fremdkörper wirken; und wiederum solche, die man sich von ihr nicht wegdenken könnte. Zu den letzteren gehört das Würzburger Luitpoldmuseum. Seine Sammlungen sind der sichtbar gewordene Ausgleich zwischen der geistlichen und der bürgerlichen Stadt. Dieser Ausgleich drückt sich auch sonst aus. Dem Juliusspital steht das Bürgerspital gegenüber wie dem Stein der Leisten, und den Domherrenhöfen rein bürgerliche Bauten wie das Haus zum Falken neben der Marienkapelle, die schönste Fassade des Würzburger bürgerlichen Rokoko, oder der Sandhof, oder in der Neubaustraße das Bachmannsche Haus und der Hof zum Rebstock.

Zum geistlichen und bürgerlichen Würzburg kommt noch ein drittes: das wissenschaftliche. Würzburg gehört zu den ältesten Universitäten. Zwar hielt sich die ursprüngliche Gründung von 1402 nur elf Jahre. Aber seit der Neugründung durch Julius Echter von Mespelbrunn (1582) hat Würzburg nie aufgehört, Universitätsstadt zu sein und hat in allen Fakultäten eine glanzvolle Tradition aufzuweisen. Das gibt der Stadt zunächst den fröhlichen und bunten Einschlag der akademischen Jugend. Aber wenn wir plötzlich Straßenschilder lesen mit dem Namen Virchows oder Köllikers, so erinnern wir uns, daß sich Würzburgs medizinische Fakultät von je eines hervorragenden Rufs erfreute, und wenn wir gar ›Röntgen-Ring‹ lesen, so kommt uns erst zum Bewußtsein, daß hier in Würzburg im Dezember 1895 eine der gewaltigsten naturwissenschaftlichen Entdeckungen aller Zeiten gemacht wurde, daß von Wilhelm Konrad Röntgens berühmtem Vortrag mit dem bescheidenen Titel ›Über eine neue Art von Strahlen‹ – gehalten in der Sitzung der physikalisch-medizinischen Gesellschaft am 23. Januar 1896 –

Wirkungen ausgingen, deren Ende überhaupt nicht abzusehen ist. Röntgens damaliger Arbeitsraum im Physikalischen Institut ist in ein Röntgen-Gedächtniszimmer umgewandelt worden. Und jetzt erinnern wir uns auch, daß es ein Würzburger war, Friedrich König, der 1810 die Schnellpresse erfand; die von ihm gegründete Fabrik steht nicht weit mainabwärts. Würzburg ist der Gegensatz jener Städte, die nur von einer glorreichen Vergangenheit zehren. Es ist lebendige Gegenwart, und auch seine künstlerische Vergangenheit empfinden wir als ein Gegenwärtiges und Lebendiges. Nicht nur die Zeugen der Jahrhunderte fügen sich in ihm einträchtig zusammen, sondern neben der Kunst stehen Wissenschaft und Technik, und aus der befestigten fürstbischöflichen Residenzstadt von einst ist ganz von selbst die fröhliche, lebensvolle Hauptstadt Unterfrankens geworden.

Würzburg ist fröhlich. Es gehört zu jenen Städten, deren bloßer Name die Vorstellung strahlender Heiterkeit erweckt und das Herz rascher schlagen läßt. Je heißer der Tag, je leuchtender die Sonne, je blauer der Himmel, je stärker die Kontraste von Licht und Schatten, desto feiner wird der farbige Eindruck. Dann empfindet man die sinnvolle Anlage des Hofgartens mit seinen breiten besonnten Wegen und verschwiegenen Schattenpfaden, mit den herrlichen Toren aus geschmiedetem Eisen, mit Springbrunnen und Terrassen, mit übermütig sich balgenden Putten als ein Kunstwerk für sich, das nur noch der einen Steigerung fähig ist in Gestalt des märchenhaft verträumten Parks von Veitshöchheim, dem eleganten Lustschlößchen der Würzburger Fürstbischöfe: er gehört so zu Würzburg wie Hellbrunn zu Salzburg, seine Kaskade mit den Standbildern, Grottenhaus und Teichinsel, Musenberg und Pegasus finden ihre Gegenstücke in Hellbrunn und Mirabell, und wieder wird uns bewußt, um wieviel südlicher Würzburg wirkt, als der Breitengrad erwarten ließe, an dem es liegt. Es wirkt fast noch südlicher als Salzburg. Eines hat die Stadt am Main vor der an der Salzach unbedingt voraus: ihre ganz prachtvolle alte Brücke, eine der schönsten in ganz Deutschland, noch schöner als die Heidelberger. Wie die zwölf barocken Heiligengestalten mit windgebauschten Gewändern, beteuernden, flehenden, betenden Armen, geneigten oder zurückgeworfenen Häuptern im flimmernden Lichte des silbernen Flusses gegen den dunklen Marienberg stehen, wie ihre Konturen in der feuchten Luft weich und flaumig werden, das ist ein Schauspiel, das man täglich neu erlebt. Nicht umsonst haben die wandernden Handwerker der ersten Hälfte des 19. Jahrhunderts mit ihren hellen Augen gerade die Würzburger Mainbrücke als Wahrzeichen genommen: kein fahrender Gesell galt für voll, der nicht durch sofortige Antwort beweisen konnte, daß er auf ihr gestanden und sie gebührend gewürdigt habe.

Wenn wir von der Festung heruntersteigen oder den aussichtsreichen Treppenweg mit den Stationen vom Käppele, Balthasar Neumanns reizender Wallfahrtskirche, sollten wir noch in einer der verschwiegenen Weinstuben am Fluß zukehren oder bei einem der weinschenkenden Bäcker in den alten Gassen und die knusperigen ›Meefischli‹ zu einem Schoppen Most uns schmecken lassen, wofern wir uns nicht einen Karpfen in jenem Blausud zu Gemüte führen, dessen fünfzehn Ingredienzien von einem begeisterten Vergil-Kenner nach andächtiger Meditation bei der zweiten Flasche Stein-Harfe in drei Hexameter gefaßt worden sind:

> Pfeffer, Sellerie, Lauch, Zitrone, Zwiebel, Wacholder,
> Thymian, Welschnußkern, Karotten, Petersil, Nelke,
> Lorbeer, Essig und Salz – und vergiß mir ja den Spritz
> Wein nicht!

Würzburg – um dies Selbstverständliche zum Schluß auszusprechen: Würzburg ist eine anheimelnde Stadt, in der man sich merkwürdig rasch zu Hause fühlt. Es prunkt nicht nur mit den großen Sehenswürdigkeiten, die im Baedeker zwei Sterne haben, es lockt auch mit den kleinen, die es den Fremden selbst entdecken läßt, und das macht das Wandeln durch seine malerischen Gassen zu einem Genuß von seltsamem Zauber. Es hat ganz köstliche alte Höfe und Erker, aus Fachwerk, aus gelbgrauem Sandstein, zierliche Portale und Fensterumrahmungen, es hat vor allem, wiederum wie Salzburg, eine Menge lieblicher Hausmadonnen in Nischen und ovalen Rahmen, über Toren und an Ecken, mit Laternen und Ampeln davor. Man kommt aus der Entdeckerfreude nicht heraus. Die Stadt selbst ist ein lebendiges Museum, Kleines und Großes, Altes und Neues steht fein und unaufdringlich nebeneinander. Würzburg hat viele Register, wie eine Orgel, brausende und zarte, seine Skala reicht von der Größe, die überwältigt, bis zur leisen Anmut, die bezaubert. Es besitzt keine Fontana Trevi wie Rom, in die der Scheidende, um sich der Wiederkehr zu versichern, seine Kupfermünze wirft, aber es braucht sie nicht: wer einmal in Würzburg war, kommt von selbst immer wieder.

Kasimir Edschmid

Wieder andere Aspekte als Hofmiller gewinnt Kasimir Edschmid (1890-1966) der Stadt Würzburg ab. Er erinnert an Matthias Grünewald, an Wolfram von Eschenbach und – wie niemand zuvor – an Walther von der Vogelweide und setzt diese Gestalten zueinander in Beziehung. Edschmid erfaßt die Katholizität dieser Stadt und begreift sie als ihr prägendes Wesensmerkmal. Der Reisebericht stammt aus dem Jahr 1933.

Würzburg ist der Mittelpunkt der Mainlande. Auf dem Marienberg, dessen massive Festungssilhouette die Stadt gewaltig überragt, herrschten einst die Frankenherzöge. Hier stand die erste Kirche, welche der Ire Kilian gegründet hatte, der seine Gründung freilich mit dem Leben bezahlen mußte. Ein halbes Jahrhundert später setzte Bonifaz mit dem heiligen Burkhard den ersten Bischof in Würzburg ein – und damals wurden die beiden letzten Götterbilder der heidnischen Germanenzeit von den christlich gewordenen Franken in den Main gestürzt. Unter der Herrschaft der Bischöfe begann Würzburg dann seinen Gang durch die Geschichte Deutschlands und durch die Jahrhunderte.

Würzburg macht den Eindruck einer Gotik, die voll höchster Lebenslust ist. Die schiefen Gassen der Stadt liegen zwar völlig im Schatten der Kirchen und der Erker, aber der Main ist so silberhell, daß er auch Licht in die schattigsten Winkel hineinbringt.

Dazu leuchten die Rebenhügel wie ein entfalteter Fächer über den Ufern, und die Sonne blitzt durch die leichte Feuchtigkeit der alten Gassen, als pralle sie überall in der Luft auf unsichtbare Schilder.

Der Weihrauch, der in Wolken aus den Portalen der Kirchen und Kapellen dringt, vereinigt sich mit der Luft, die von den umblauten Weinbergen herunterweht. Und die gotische Stille der alten Quartiere liegt friedlich dicht neben dem unaufhörlich lebendigen Fluß.

In dem Dom, wo schon Karl der Große, wie es heißt, das Weihnachtsfest gefeiert hat, liegen in einer mächtigen Reihe die Bischöfe von Würzburg begraben. Das Innere des Doms ist nicht so kaiserlich wie das des Domes in Speyer und nicht so großartig wie der Eindruck des Mainzer Domes. Aber der Dom strahlt, wie alles in Würzburg, die Atmosphäre einer gewaltigen Katholizität aus, eine

Stimmung, welche auch die Landschaft immer wieder fromm bestärkt.

Besonders am Abend versinkt Würzburg unter den blauen Schatten der Dächer und Kirchen in einer zarten Luft von Frömmigkeit. Die Rebenhügel über der Stadt bleiben dann noch eine Weile hell besonnt stehen, und die Stadt selbst hebt nur noch gerade eine goldene Madonna von der Spitze ihrer edelsten Kapelle in das Abendlicht hinauf.

Die Marienkapelle ist von engelhafter Gotik. Sie erhebt sich mit einer Schlankheit, die in ihrer mädchenhaften Herbe wie der Anblick einer kriegerischen Heiligen begeistert.

Hier hat einer der besten deuschen Künstler, Tilman Riemenschneider, gearbeitet, der durch seine erlesenen plastischen Figuren nicht nur Würzburg, sondern ganz Franken mit innigem Adel belebt hat.

Auf demselben Kulturboden hat Grünewald seine Bilder gemalt, die zu den mächtigsten Bildwerken der Erde gehören und die im fanatischen Suchen und Ringen um Gott von keinem Maler der Welt erreicht worden sind. Wenn in den Kunstwerken Tilman Riemenschneiders die deutsche Seele am reinsten sich zur Ewigkeit bekennen will, so will die deutsche Seele in den Bildern Grünewalds auf die abgründigste und ungeheuerlichste Art sich ihren Gott erkämpfen – und diese beiden Wege stellen ja auch die beiden Richtpunkte dar, zwischen die das deutsche Wesen eingespannt ist.

Neben dem Würzburger Dom und dicht neben der Neumünsterkirche, von dumpfem Mauerwerk umgeben und von Efeu umhängt, liegt ein Garten, der nicht viel größer als eine Zelle ist, der aber eine der kostbarsten Legenden Deutschlands birgt.

Hier soll Herr Walther von der Vogelweide, Deutschlands größter Liedersinger, die letzten Jahre seines Lebens auf- und abgewandert sein. Und hier war er im jetzt abgebrochenen Kreuzgang begraben worden.

Als Walther von der Vogelweise in Würzburg lebte, hatte der Dichter bereits ein langes wechselvolles Leben hinter sich, das, wie das Leben vieler edlen deutschen Dichter, von der Kunst bis tief in die deutsche Politik hinein reichte. Hier hat er dann den ein wenig weltmüden Mund geschlossen, der vorher die größte deutsche Lyrik gerundet hatte.

Die innige männliche Glut und die tiefe Süßigkeit seiner Gedichte ist in Deutschland nie wieder erreicht worden, auch nicht ihre untadelige Gesinnung. Walther umfaßte mit seinen Versen alles, was Deutschland erhaben machte. In seiner Figur ist etwas von den schweifenden Jünglingen, welche in der Sagenzeit die Welt erlösen wollten, und etwas von dem Schicksal der Ritter, welche für eine der vielen Aufgaben Deutschlands hinausgezogen und gestorben sind. In seiner Gestalt ist aber auch etwas von dem prinzlichen Stolz der Reiterfigur im Bamberger Dom und etwas von der kaiserlichen Unerbittlichkeit, mit der die großen deutschen Imperatoren für des Reiches Herrlichkeit bis an die Marken des Orients vorgedrungen waren. In seiner Poesie aber blühen die deutschen Wiesen und die deutschen Seelen, singen die Vögel der deutschen Wälder und jubeln die deutschen Herzen, atmet die fruchtbare Schönheit der ganzen deutschen Landschaft und eifert der große Glaube an Deutschlands Mission.

In seinem Grabstein sollen, wie die Legende sagt, vier große Vertiefungen gewesen sein, in welchen nach Walthers Bestimmung den Vögeln Weizenkörner »zur Weide« hingestreut worden waren.

König Ludwig der Erste von Bayern ließ Walther eine Inschrift setzen:

Das Leben erzog ihn. Aus dem Leben sang er.
Nicht Minne – nur Vaterlandsliebe beseelten
Meistens seine Lieder. Teutscher war kein Sänger.

Hinter der schönen Figur Walthers von der Vogelweide erhebt sich die Gestalt eines anderen Dichters, der weder lesen noch schreiben konnte und seine großen Epen nur durch die Kraft seines Gedächtnisses vortragen konnte ... die Gestalt des Vaganten Wolfram von Eschenbach, der geheimnisvoll seinerzeit von einer fränkischen Burg zur anderen wanderte.

Walther von der Vogelweide war in seinen Liedern so klar, wie es ein Deutscher sein kann, den ja das Dunkle und Rätselhafte immer heftig verführt. Wolfram von Eschenbach aber formte in seinen Epen auch alle die erschütternden Dunkelheiten des deutschen Menschen, die Unrast neben dem Glanz und die Verzweiflung neben der tiefsten Glückseligkeit. Obwohl er schallend hell und pfingstlich süß sein konnte, ist in seinem Wesen vieles von dem Wühlen und Grübeln, das auch Grünewald in den großen Visionen seiner Bilder gestaltet hat.

Welche Höhe, welche Tiefe, welche Männlichkeit und welche Buntheit des deutschen Menschentums ist in diesen Männern ausgedrückt, die ihre Kreise um Würzburg herum geschlagen haben. Und welche Denkmale unserer Kultur sind von ihnen hier errichtet worden. In dieser Stromecke, wo Würzburg sich auf beiden Ufern des Maines ausstreckt, ist ein guter Teil des besten Deutschtums geformt worden.

Hier hat aber auch der weltläufige Sinn der Deutschen, der immer nahm, wo es nützlich war, und der sich – oft im Übermaß – zum Befruchten willig hingab, der Verständigung aller großen Geister der Welt ein überragendes Denkmal gebaut. Der Artilleriehauptmann Balthasar Neumann hat hier mit ergreifender Wucht und leidenschaftlicher Andacht die fürstbischöfliche Residenz erbaut, ein Schloß, an dem nach seinen Plänen die ganze gesittete Welt mitbaute.

Er beschäftigte den Niederländer Auwers, den Pariser De Cotte, den Schweizer Bossi, den Bayer Zick, den Tschechen Mika, den Tiroler Oegg und den Venetianer Tiepolo.

Tiepolo hat sogar die ganze Welt, alle Kontinente und alle Wunder der Erde auf die Decke des Treppenaufgangs gemalt. Und er hat sich dann selbst in die Menge seiner Gestalten mit hinein gemalt, aus einer ähnlichen Sehnsucht nach körperlicher Unsterblichkeit wohl, aus der heraus auch Riemenschneider in Rothenburg und Meister Schäufelen in Nördlingen ihre Porträtfiguren in ihre Werke hineingestellt haben.

Das Schloß zeigt in seinen Prunkräumen den Reichtum einer bedeutenden geistlichen Residenz. Den Fürstbischöfen war nichts erlesen und nichts teuer genug, um ein Gebäude von hohem Rang herzustellen. Einer von ihnen zahlte für einen Spiegelsaal allein zwei Millionen. Die Architektur des Schlosses zeigt jedoch nichts von Reichtum oder Prunk. Das Schloß streckt sich in großer Ruhe und Gelassenheit mit seiner vornehmen Barockfassade vor einem mächtigen Platz aus.

Dergestalt liegt auch ganz Würzburg, voller Majestät, voller Ruhe und voll sanfter Stille an den Mainufern und damit an der Grenze, die Jahrhunderte lang den Süden Deutschlands und den Norden Deutschlands trennte. Es liegt da mit dem ganzen katholischen Charme seines Wesens. Mit der Atmosphäre seiner Kirchen, seiner Gassen, seiner Madonnen, ja auch seiner Weinberge ist Würzburg für das katholische Weltgefühl ein heiterer und schöner Spiegel.

An dieser einstigen Flußpromenade der Völkerwanderung haben stets viele Winde des Geistes geweht, genau wie die Heere vieler Völker hier durchgezogen sind, um die Welt neu zu formen.

Gerade deshalb wohl ist hier in großen Meistern und mit gewaltigen Werken auch ein Teil des besten Deutschtums gewachsen. Zu seinen edelsten Verkündern gehört der Liedersänger von der Vogelweide, gehören Tilmann Riemenschneider und der Maler Grünewald und Herr Wolfram von Eschenbach, dessen magisch schöner Schatten manchmal noch wie ein Phantom hoch über die besonnten Würzburger Hügel reitet.

Hermann Hesse

Hermann Hesse (1877-1962) geht es in seiner Darstellung Würzburgs nicht darum, die Stadt in möglichst vielen Details zu erfassen, zu analysieren und zu vergleichen. Er verweilt bei dem, was Leben und Licht seinem Auge in einem momentanen Augenblick eröffnen. Das Zufällige, scheinbar am Rande Liegende fängt er als Impression ein. Bei aller Beliebigkeit und Willkür in der Wahl des Objekts entsteht eine vollendete, 1928 entstandene Komposition, die – ohne Residenz, Dom und Festung – im vermittelten Eindruck dennoch zutreffend ist.

Einst in Würzburg

Es gibt Städte – zum Beispiel Weimar –, wo Dichter gelebt haben und gestorben sind. Man geht hindurch und liest die Gedenktafeln über den Haustüren, begrüßt den Goethe, den Wieland, den Herder, und zwischenein fällt es einem plötzlich auf, daß alle diese Dichter zwar richtig in dieser Stadt gestorben sind, daß aber kein einziger Dichter in ihr geboren worden ist. Wenn man dagegen in Stuttgart ist und auf einem Ausflug zwei, drei Nachbarstädtchen besucht, dann braucht man ganze Seiten im Notizbuch, um die Namen von allen den dort geborenen Dichtern aufzuschreiben.

Wenn ich ein zukünftiger Dichter und gerade mit der Wahl meines Geburtsortes beschäftigt wäre, dann würde ich die Stadt Würzburg am Main sehr mit in Erwägung ziehen. Diese schöne Stadt macht durchaus den Eindruck, als habe sie einem dort geborenen Dichter etwas mitzugeben.

Vom Gasthaus wegschlendernd, gelange ich ungewollt sehr bald vor den größten Bau der Stadt, die Residenz. Ich sehe einen weiten, sehr stillen gepflasterten Platz vor dem Gebäude liegen, sehe weit hinten Portale warten, sehe Gittertore einen Garten versprechen. Aber ich mag in einer fremden Stadt nicht gleich mit den Berühmtheiten anfangen, ich mag nicht gerne von ihr gerade das zuerst sehen, was ich aus Büchern und Bildern längst schon kenne. Darum lasse ich die Residenz vorerst liegen und wende mich wieder gegen das Innere der Stadt. Diese Stadt gehört, wie ich bald merke, zu den freundlichen und nahrhaften, es werden hier die materiellen Bedürfnisse des Menschen weder karg und asketisch abgetan noch hochmütig verborgen. Nein, es riecht hier überall froh und ahungsvoll nach Brot und Käse, nach Wurst und Fischen, und in vielen Läden und Ständen liegen diese guten Dinge reichlich und schön ausgebreitet, sehr viele Brote, Wecken, Bretzeln und Kipfel von verschiedenen Formen, sehr viele Würste in allen Größen und Farben, dazwischen strahlen aus Buden und von Markttischen die frohen sanften Stilleben der Gemüse und Früchte, schöne gemütvolle Wirtsschilder lächeln daneben, und aus offenen Ladentüren duftet es zart nach Kaffee und Tabak, aus offenen Kellertüren nach Fässern und Wein, aus offenen Kirchentüren nach Weihrauch – es geht hier nicht nordisch, protestantisch und abstrakt zu, sondern durchaus südlich, katholisch, wohltemperiert. Weder hungrige Askese herrscht hier noch gierige Vergnügungssucht, sondern harmonische Lebensfreude. Hier haben die Leute noch ihre Freude daran, ihr Brot, ihren Fisch, ihr Pfund Kerzen beim Bäcker, beim Fischer, beim Lichtzieher einzukaufen, in vielen kleinen Läden, bei Handwerkern und Verkäufern, die sie persönlich kennen und mit denen sie beim Einkauf eine Weile plaudern, über die Grippe, über die Kinder und Schule, über den letzten Viehmarkt.

Langsam durchwanderte ich die Gassen und Plätze, herrliche Gassen, wunderbare Plätze! Gotische Kirchen langten mit dünnen eleganten Turmspitzen in den lichten Morgenhimmel, reiche schmucke Bürgerhäuser der alten Zeit standen am Weg, machten wohlhabende Gesichter und hielten sehr auf sich, über schattigen Brunnen turnten lebensfrohe, schwungvolle Gruppen von Barockfiguren ins Blaue hinauf. Und in mancher Gasse stand beinah über jeder Haustür, beinah unter jeder Laterne irgendeine Muttergottes. In dieser angenehmen Stadt, das konnte ich wohl sehen, liebte man die Madonna sehr, dies süßeste Seelenbild des Glaubens. Man betete nicht bloß zu ihr, man hatte sie auch bei sich, zu Hause, man stand vertraulich mit ihr, man rechnete sie zu den Seinen und ließ sie wohl auch einen Spaß mit anhören. Es gab da so viele Madonnenfiguren, geschnitzte, gegossene, gemeißelte und gemalte, gotisch-fromme und dralle des Barock, elegische von 1450 und schnippische aus dem 18. Jahrhundert, große und kleine, farbige und vergoldete, bäurische und feine, damenhafte und götzenhafte. In ihrem Schatten und Schutz lebte diese vergnügte Stadt, in ihrem frohen, frommen Schatten lebte und atmete auch ich einen sonnigen Reisetag lang.

Auf einem kühlen, feuchten, nach Stein und Wasser riechenden Plätzchen fand ich in Brunnentrögen und aufgestellten Bütten die Main-Fische zu Markt gebracht, fette Karpfen und hagere Hechte, dunkle geheimnisvolle Aale und träumerische, schlüpfrige Schleie standen glotzend mit den schönen goldenen Augen, Gefangene, im allzu seichten, allzu dicken Wasser. Liebe, stumme Brüder, ich grüße euch, ich weiß wie es ist, gefangen und aus seiner Welt gerissen zu sein, verurteilt zu einer Luft, die man nicht atmen, zu einem Licht, an dem man nur sterben kann.

Von der Hand der feisten Händlerin gepackt, schwebte ein langer, edler Fisch – es konnte eine Barbe sein – einen Augenblick dicht vor meinen Augen am Tageslicht, mit den goldenen, wehen Augen, entglitt mit einer verzweifelten Bewegung und sprang glitzernd über das nasse Steinpflaster hin. Ich floh davon. Wenn hier der Fischmarkt ist, dachte ich, dann kann der Main nicht weit weg sein, und überließ mich dem Gefühl von Feuchte und Schwere, den Lockungen des Wassermanns und der Fische, und richtig zog es mich bald durch eine dunkle Toreinfahrt, und jenseits floß der Main. Es war hier aber keineswegs feucht, dunkel, trübe und fischig, sondern blitzend hell. Blau und silbern floß in blanken Strähnen der breite Fluß, über ihm hing eine edle Brücke, deren Heiligenfiguren ihre Schatten hinab ins Wasser fallen ließen, es empfing mich ein erhöhtes, gemauertes Ufer nicht nur mit Sonne und blanken Spiegellichtern, sondern auch mit einem unerwarteten, heftigen Farbengetümmel. Da war nämlich eine Messe aufgebaut, ein Jahrmarkt, und es stand, auf den Abend und die Eröffnung wartend, eine lange Zeile verlockender Buden das Ufer entlang. Ein Karussell mit Schwänen und Pferden, eine Schiffschaukel, Zuckerbuden mit weiß und rotgestreiften Sonnensegeln, und Museen und Zauberkabinette mit starken, werbenden Malereien, mit schönen wilden Landschaften, kühn erfundenen Fabeltieren und wilden, flatterhaarigen, romantischen Mädchen- oder Feenfiguren zogen mich in das Reich der Kunst und Kultur zurück. Gern studiere ich diese Art von volkstümlichen Kunstwerken und wende ihnen dieselbe und stilkritische Behandlung zu, wie sie den Kathedralen und Madonnen von den Kunsthistorikern zugewendet wird. Ich entdecke einen prachtvollen, fliegenden Löwen, noch unterm Einfluß der Rubens-Schule stehend (oder vielmehr fliegend), anscheinend gute Schülerarbeit aus dem ersten bis zweiten Jahrzehnt der Neuzeit, und finde eine heroische Landschaft mit Hyänen und speiendem Vulkan, Stil Douanier, vom Ende des Mittelalters.

Um diese Notizen bereichert, wandle ich über die Brükke, wo hübsche Wirtsschilder blaue und gebackene Fische versprechen, kaufe in einem Lädchen eine Zigarre und eine Ansichtskarte, und bleibe lang im Gespräch mit dem Kaufmann hängen, einem charaktervollen Manne von tüchtiger, etwas stark vereinfachter politischer Gesinnung, und gerate im Schlendern durch ein ausgestorbenes Gäßchen an die Hintertür einer Kirche. Ich trete ein, das Innere ist reich geschmückt, es glänzt viel Gold von Säulen und Altären, und vor einem der Altäre steht ein Glasschrank, und darin schimmern ein paar holde Farben, und winkt etwas wie Gebärde und Figur, und da ich in der Dämmerung näher trete, ist hinter dem Glas eine Madonna, eine traurigschöne Madonna mit langen Augenlidern und dünnen, eleganten Prinzessinnenhänden. Traumhaft blickt sie aus ihrem Glasgehäuse hervor, unserer Welt fern, einer anderen Welt und Luft bedürftig, die man ihr ersatzweise durch das dünne Glasgehäuse zu leihen versucht hat, in der Anmut und Vornehmheit ihrer Träume weit über uns heutige Menschen hinaus verfeinert, dennoch irgendwie hinter ihren leise spiegelnden Gläsern mich erinnernd an die Fische, an meine armen Brüder, an ihre bläulichen Silberfarben, an ihre traurigen Goldaugen, an ihr Gefangensein im Bottich, an ihr stummes Leid und Sterbenmüssen zwischen rotbackigen Fischerfrauen und feuchten Pflastersteinen. So sitzt und schweigt die schön bemalte Madonna mit den überzarten Fingern und den leidvoll schönen Augenlidern, führt ein Scheinleben in unserem Jahrhundert und in ihrem Glaskasten, und tröstet uns dennoch und stärkt jenen zarten, kränkelnden Sinn in uns, dessen Sinnbild sie ist, und der in unsrer heutigen Welt zum Sterben verurteilt scheint. Aber die Seele stirbt nicht. Sie erlischt in edlen, hinwehenden Farbenträumen, sie flüchtet sich hinter Glaskästen zu frommen Gebilden ferner Jahrhunderte, sie spricht zag und schwesterlich mit der leidenden Kreatur, und lebt doch weiter, und überdauert am Ende den Krieg und den Staat und die Maschinen und die Weltreiche, deren älteste neben ihr nur Kinder neben einer Urmutter sind. Vieles Schöne und vieles Drollige habe ich an diesem Tage noch zu sehen bekommen, bis ich am Nachmittag müde und mit Bildern überfüllt wieder auf dem großen verschlafenen Platz vor der Residenz anlangte. Da innen war ein ungefähr hundert Meter langes Fresko von Tiepolo, und sonst noch dies und jenes Bemerkenswerte. Aber es eilte mir nicht damit, es war nicht wichtig. Hinter dem gewaltigen Schlosse wartete auf mich ein großer, fürstlicher Garten, mit jungem Grün an den Zweigen und vielen Singvögeln im Geäst. Dort auszuruhen, dort auf einer Bank zu sitzen, mit geschlossenen Augen, den inneren Bildern hingegeben, in den Ohren das dünne, blitzende Töne-Netz der vielen Singvogelstimmen, auf den Knien und Händen die warme Sonne, auszuruhen und zu vergessen, in welcher Stadt und in welchem Jahrhundert ich hier denn sei – das war nicht das Schlechteste von all dem Guten, das jener Reisetag mir gebracht hat.

Robert Walser

Auf Wanderwegen hat sich unter den Autoren neuerer Zeit Robert Walser (1878-1956) Würzburg genähert. Sein Eintritt in die Stadt ist ungewöhnlich, sein Ziel nicht minder: Walser kam nicht nur Würzburgs wegen, er suchte und fand Max Dauthendey. Neben einer begeisterten Schilderung der Stadt gibt er den wohl einzigen zeitgenössischen Bericht (1918 veröffentlicht) eines Dichters von Person und Wesen des Schriftstellerkollegen Max Dauthendey.

Würzburg

Um die und die Zeit, d. h. vor etlichen Jahren, reiste ich, wie ich glaube, eines schönen Tages im Sommer zu Fuß von München nach Würzburg. Ein flinker, dummer, unerfahrener, junger Mensch flog da nur so dahin, nämlich ich selber. Das Wetter war heiß und prächtig. Der Anblick der Welt war eine Art Gemisch von Blau, Gelb und Grün. Blau war der hohe, helle, weite Himmel; grün waren die Wälder, durch die ich lief, oder an denen ich vorbeihuschte, und gelb die weitausgedehnten, üppigen Kornfelder zu beiden Seiten der breiten Landstraße. Eine andere schöne, vielbedeutende

Farbe war Weiß; denn es flogen mit dem eiligen Wanderer und emsig laufenden Landsknecht, allerdings nicht auf harter Erde, sondern hoch oben in der Luft, weiße Sommerwolken wie große, gewaltige Schiffe im blauen Meere. Da ich die Gewohnheit hatte, jahraus, jahrein knapp bei Geld zu sein, so drückte mich das Barvermögen, das ich mit mir trug, auf keine Weise. An den Füßen trug ich eine Art Turnerschuhe aus Segeltuch, daher marschierte ich leicht wie der Wind und ungebunden wie der freie Gedanke durch die Gegenden dahin. Mir kam es vor, als wolle mich ein Wind fortfegen und wegjagen, so rasch lief ich davon.

In München hatte ich einige literarische Persönlichkeiten von Rang und Belang bestens kennengelernt; aber ich hatte seltsame, drückende Empfindungen bei den künstlerischen und literarischen Assembleen, für die ich nicht recht taugte. Das Nähere und Genauere weiß ich nicht mehr genau; nur so viel weiß ich: mich trieb es aus allen Salons, wo Feinheiten und Exküsen herrschen, fort in die offene Welt, wo Wind, Wetter, grobe Worte, unsanfte barsche Manieren und alle Rücksichtslosigkeiten und Rauheiten regieren. Jung und ungeduldig, wie ich war, vermochte ich die Luft der vornehmen Abgeklärtheit nicht zu ertragen. All das tadellose, schnurgerade, tipptoppe, elegante Benehmen flößte mir hauptsächlich nur Kummer und eine Sorte Furcht ein. Allmächtiger, guter, großer Gott, wie ist Wandern im Sommer auf deiner heißen, weiten, stillen Erde schön: mit damit aufs schönste verknüpftem ehrlichem Durst und Hunger. Alles so still und hell, und die Welt so weit.

Der Wanderanzug, den ich trug, hatte gewissermaßen süditalienisches Aussehen. Es war eine Sorte oder Espesse Anzug, mit dem ich mich in Neapel zu meinem Vorteil hätte sehen lassen können. Im wohldurchdachten, wohlabgemessenen Deutschland schien er jedoch mehr Argwohn als Vertrauen und mehr Ab- als Zuneigung zu erwecken. Wie war ich mit dreiundzwanzig Jahren keck und phantastisch.

Ich will mit kühn und wenn möglich genial skizzierendem Bleistift und einigen leichten, zwanglosen, flotten Farbenanwürfen über die Wanderung rasch wegfahren.

Mein Gedächtnis hat treu aufbewahrt: eine im heißen Sonnenlichte stehende Gruppe von mächtigen Landwirtschaftsgebäuden, einen Trupp oder fröhliche Gesellschaft von fahrenden und daherstreichenden Handwerksburschen, einen grünen, scharfbewaffneten, im übrigen aber höflichen und menschenfreundlichen Landjäger, der meine Reisepässe und Ausweispapiere visitierte und musterte, Haufen von Meilen- oder Kilometersteinen, ein gastliches Wirts- oder einladendes, wirtliches Gasthaus, wo ich im Freien, unter dichtem behaglichem Gartengrün ein hellbraunes, reizendes, entzückendes Wienerschnitzel verzehrte, weite Striche grünen ebenen Landes, ein zerlumptes, verlottertes, verkrachtes, verbogenes, verödetes, einsames Gehöft oder Haus mit höchst malerischer, poetischer Lumpen-Unordnung davor, überflüssig viel Mittaghitze, ein Akazienwäldchen in der Nähe einer Landstadt, die Verlassenheit und Entlegenheit derselben, ein stolzes Schloß, Landgut, Gutshof oder gebieterischer Rittersitz in blendend heller, glitzernd heißer Landschaft, eine ganz sonderbare tolle, merkwürdige, seltsame alte Stadt im Geschmack des siebzehnten Jahrhunderts, durch deren enge, stille, verträumte, fabelhafte Gassen, die in rührend schönem Sommerabend-Goldlicht schwammen, ich wie durch einen Traum, wie durch das wehmutvolle Exempel übriggebliebenen, ehemaligen, kräftigen Blütezustandes selber, wie durch einen Beweis des Unglaubwürdigen, leise marschierte; Einkehren in verschiedene höhlenartige, dumpfe Wirtsstuben, wo dunkles, dickes Bier verabfolgt wurde, aus Löchern und Trinkhallen wieder hinaus auf die Straße treten, einen trägen, schwärzlichen Fluß und später wieder eine Stadt, nebst diversem sonstigem und anderem.

Würzburg ist eine überaus sehenswürdige Stadt. Das erste,

was ich tat, als ich endlich, nach mancherlei tapfer überstandenen und erduldeten Mühseligkeiten dort ankam, war, daß ich zu einem Friseur eintrat, um mich gehörig rasieren zu lassen; denn ich fühlte und ahnte lebhaft, daß ich nachgerade einige Ursache haben könnte, mir etwelche Eleganz anzueignen. Zweitens kaufte ich mir in einem vornehmen Schuhgeschäft ein Paar neue feine Stiefel, da die, die ich anhatte, höchstens noch tauglich zu sein schienen, Mißtrauen, Verachtung und Verdacht zu erregen. Drittens fühlte ich mich gezogen, getrieben und bewogen, wacker mittagessen zu gehen, und trat infolgedessen mit staunenerregender Frechheit, mit den kalten und gelassenen Gebärden eines Gesandtschaftsattachés und mit der energischen Miene eines sieges- oder todesentschlossenen Überwinders von Beschwerden, Schwierigkeiten und Hindernissen in ein allererstes und feinstes Hotel-Restaurant.

Man schien verblüfft zu sein, als man mich sah.

»Bitte sehr, Sie hier, sagen Sie doch zuallererst, bevor Sie wagen, hier einzutreten, was wollen Sie gefällig hier?«

Mit dieser etwas brüsken und herausfordernden Anfrage warf sich dem Angreifer und Eindringling ein schwarz- und edelgekleideter Herr, anscheinend der Geschäftsleiter selber, abwehrend entgegen; aber alle mutige oder sogar heldenmütige Verteidigung einer in der Tat stark und heftig bedrohten Festung oder Stellung nützte nichts mehr. Der Gegner war zu mächtig.

Nämlich niemand anders als ich! Ich sagte:

»Was ich hier will, fragen Sie? Wie ist es möglich, daß man lang und breit fragen kann, wo man doch, bei nur einiger weniger Welterfahrung, auf den ersten Blick sehen muß, daß es sich um Hunger, und zwar um rechtschaffenen redlichen Hunger und um möglichst schleunige Beseitigung desselben handelt. Was ich will? Essen will ich! Dies hier ist, wie ich sehe, eine Örtlichkeit, wo vornehmste bürgerliche und adlige Herrschaften zu speisen und Erquickung zu holen und zu finden pflegen. Da nun auch ich im höchsten Grad, wie mir scheint, erholungs- und sättigungsbedürftig bin, so trete ich mit Ihrer Erlaubnis hier ein; denn ich glaube mich keine hundert Jahre lang besinnen zu sollen, ob dies ein passendes Lokal für mich sei oder nicht. Keine Umstände, mein Herr! Machen sie gütigst Platz! Mit so vornehmem, großartigem und bedeutendem Appetit, wie der meinige in diesem Augenblick unbedingt ist, darf und soll ich nach meinem Dafürhalten und laut meiner Auffassung, die sich auf schlichten schlechten Menschenverstand stützt, in jedes, selbst ins feinste und ausgezeichnetste Haus treten.«

Schon war ich hineingestürmt und hatte bereits mitten unter schmausendem Hochadel und sonstiger bemerkenswerter, tafelnder Elite Platz genommen. Es wimmelte da von respekteinflößenden Habichtsnasen und verachtungsvollen Blicken aus Augen hinter einklemmenden Augengläsern. Der Saal besaß eine frostige Schönheit. Ich, indem ich mich wie ein Reichsgraf bedienen ließ, war der sicherlich durchaus nicht erbauliche Gegenstand der allgemeinen Aufmerksamkeit. Prächtig nahm sich zwischen auserlesenster Auslese denkbar bester Gesellschaft mein auserlesenes Wanderburschenwesen aus. Noch heute denke ich mit Vergnügen daran; denn Jugend ist unnachahmlich, und nur in der Jugend besitzt man genügend heiteren Trotz, um fröhliche Streiche glücklich auszuführen. Unsere mutwilligen Jugendstreiche sind wahrlich nicht das Beste, aber sicher auch nicht das Schlechteste an unserem Leben.

Da solche verschwenderische, prahlerische Lebensweise bei spärlichen und kläglichen Mitteln ein offenbar fürchterliches Loch in seine magere ärmliche Kasse reißen und den gesamten Wohlstand, über den er verfügte, untergraben und jämmerlich durchbohren mußte, so sah sich jetzt der kühne Welt- und Lebemann genötigt, in einer der elendesten Herbergen, die er mit seinen Augen jemals erblickte, wehmütig und kümmerlich zu übernachten. Über die Unannehmlichkeiten, die in Form kleiner, hübscher, netter, liebenswürdiger Angehöriger des gestaltenvollen Tierreiches nachts, als er im schlechten, steinharten Herbergsbett lag, über ihn herfielen, um ihm Aufmerksamkeiten zu erweisen, und sich auf allerdings recht sehr eigentümliche Art mit ihm zu unterhalten, will er lieber nicht viele Worte verlieren, weil er der überaus löblichen Meinung ist, daß umständliche Beschreibung und Erwähnung hier ziemlich unfein wären.

Jäh stand ich auf und trat ans offene Fenster. Mitternacht war es, und statt des Schlafes, den ich nicht kosten durfte, weil übelwollende, winzige, niedliche Bösewichte mir denselben raubten, so kostete und genoß ich nun den Anblick der schönsten Mondnacht, die wie eine Eichendorffsche Mondnacht alle ihre unnennbare Schönheit, zaubervolle, milde, bleiche Anmut, göttliche Sanftheit da und dorthin, überallhin, aus der Höhe, gleich einem rieselnden Regen, auf die dunklen Dächer, auf Türme und hoch in die Luft hinaufragende spitzige Giebel niederwarf. Eine leise Handharfe ertönte, und wunderbar, in der Tat himmlisch war die ringsverbreitete nächtliche Stille, diese helle kindliche Mondnachtstille, dieser tiefe süße Mitternachtszauber, dieser dunkelhelle friedenreiche Mondschimmer, diese Musik von Feierlichkeit, Freundlichkeit und Fröhlichkeit, diese Freudensonate, diese Mondscheinsonate! Lebt denn nicht in jeder schönen Mondnacht das Beethovensche Kunstwerk? Kam denn nicht von jeher alle beste Kunst von den Einfachheiten und Alltäglichkeiten her? Ist nicht auch eine Mondnacht ja nur etwas Alltägliches, das dem Bettler so gut wie dem Fürsten beschert ist?

Als es Tag zu werden begann, verließ ich begreiflicherweise meine Herberge gern und begab mich, indem ich in die Straße hinunterging, auf die Suche nach Dauthendey, der mir von München her bekannt war und der zurzeit in Würzburg wohnte.

Nachdem ich den ganzen Vormittag nach des Herrn

Adresse mühsam herumgefragt und -geforscht hatte, wobei ich mich unkluger- sowohl wie launenhafterweise, möglichst viel Eigensinn beweisend, bei unbekannten, zufälligen Leuten, die entweder zu x-beliebigen, niedriggelegenen Fenstern ahnungslos herausschauten oder behaglich auf der Straße einhergingen, nach des Dichters Wohnung erkundigen zu dürfen glaubte, ein Verfahren, das mir abenteuerlich, wie es erschien, zuletzt noch Verdrießlichkeiten bereitete, fand ich ihn endlich. Er lag noch friedlich im Bett. Als er mich sah, lachte er.

»Wie sehen Sie aus!« rief er mir mit lauter Stimme zu, und indem er aus dem Bett aufstand und sich mit sehenswerter Sorgfalt ankleidete, sagte er mir, was ich sogleich hier mitteilen werde, und richtete folgende kluge Rede an mich:

»Viel zu abenteuerlich, mein Lieber, ist Ihr Aufzug. Warten Sie, ich will gleich nachschauen. Sie müssen sich hier bei mir jetzt sogleich anders anziehen; denn mit Kleidungsstükken, wie die sind, die Sie da anhaben, spaziert man in Arkadien oder in irgendwelchen sonstigen eingebildeten Ländern, keineswegs aber in der Wirklichkeit und in unserer gegenwärtigen Zeit herum. Sie müssen die Zeit, in der Ihnen gegönnt ist zu leben, besser begreifen lernen. Abenteuerlich können Sie in Ihrem Innern nach Lust und Belieben sein. Sie lassen Ihre Innerlichkeit, Ihre Verfassung, Ihre Seele allzudeutlich merken. Es beliebt Ihnen, auf offener Straße Ihre Phantasien und Träumereien vorzuzeigen. Das ist unklug. Sehen Sie! Hier ist ein Anzug, den Sie ruhig jederzeit tragen können, ohne daß Sie Anstoß erregen. Wozu überall auffallen, wo Sie doch ganz gewiß in keiner Hinsicht auffällig sein wollen. Sie sind ohne Zweifel nur auffallend ungeschickt, und weil Sie dies sind oder zu sein scheinen, so werden Sie mir erlauben, Ihnen kurz einigen diesbezüglichen Unterricht zu erteilen.

Wie ein Bewohner der Gegenden, die nirgends anders als höchstens in Ihrem Kopf existieren, sehen Sie aus, während

Sie ratsamerweise wie ein schlichter, schlechter Mensch unter Menschen oder wie ein Zeitgenosse unter Zeitgenossen aussehen sollten. Sie werden mir diese Worte gewiß nicht übel nehmen, sondern einsehen, daß ich recht habe, und sich dem, was ich sage, freundlich unterwerfen. Sie sind ja bekanntlich ein gescheiter Mensch, und es liegt auf der Hand, daß nur heftiger Jugendeigensinn eine sonderbare Figur aus Ihnen macht. Aber es hat keinerlei Zweck, sonderbar und seltsam erscheinen zu wollen. Eine solche Art, sich auszuzeichnen, muß als gänzlich falsch betrachtet werden. Unser Grundsatz muß uns sagen, es sei in bezug auf Auszeichnung streng geboten, daß einzig nur Fähigkeiten hervortreten. Wir dürfen uns in dieser Beziehung zahlreiche Vorschriften, aber entweder überhaupt keine oder nur wenige Freiheiten erteilen. So! und nun vorwärts! und munter abgestreift den überflüssigen Schein von Absonderlichkeit. Wenn Sie absonderliche Gefühle und Gedanken haben, so genügt das vollkommen. Niemand braucht Ihnen anzusehen, daß Sie eigentümlich und originell sind, Phantasie besitzen und Geschmack am Ungewöhnlichen haben. Sie werden sonst überall nur falsch beurteilt und bereiten sich mit Ihren Zwanglosigkeiten auf Schritt und Tritt nur Verdruß, was Ihnen unmöglich willkommen sein kann.«

Indem er so sprach oder gesprochen hatte, reichte er mir der Reihe nach aus seinen Kleiderreichtümer-Überflüssen und -Vorräten, aus Schrank und Kommode hervorgezogen, Rock, Hose, Hemd, Weste, Hut und weißen, steifen Kragen, nebst einer der nettesten Schleifen, Binden oder Krawatten dar, wodurch ich mich genötigt sah, alle diese Dinge anzuziehen, um mich derart in einen ganz andern und völlig neuen Menschen zu verwandeln. Als die Veränderung und rasche Verwandlung vollzogen war, rief mein Lehrmeister, Freund und freundlicher Gönner aus: »Jetzt sehen Sie sehr gut aus. Und nun kommen Sie. Wir wollen ein wenig spazieren gehen.«

In der Tat gingen wir zusammen in guter und heiterer Stimmung auf die Straße, wo im schönsten Sommerwetter, das uns lustig anlächelte, zahlreiches Publikum hin- und herpromenierte. In meiner neuen Ausstaffierung kam ich mir wie ein Prinz vor, womit ich verständlich zu machen versuche, daß ich mich beinahe wie neu geboren fühlte. Zwar engte und klemmte mich der hohe elegante Kragen ein wenig ein; den Grundsätzen des Schicklichen und den Erfordernissen des Tonangebenden brachte ich jedoch das gewiß nicht ungeheure Opfer gern und verzichtete auf einen Bruchteil persönlichen Wohlbefindens oder Bequemlichkeit mit Vergnügen. Es war der erste steifgebügelte Kragen, den ich im Leben trug. Da sich mein Benehmen fast augenblicklich den hübschen Sachen, die ich die Ehre hatte zu tragen, gehorsam anpaßte, so wurde ich von allen Seiten her mit sozusagen achtungsvollen und gütigen Augen beaugapfelt und angeguckt, was mich durchaus nicht unbedingt in schlechte Laune setzen mußte. Mein Stroh- und Vergnügungs- oder vornehmer Sommer- und Landaufenthaltshut glich von weitem oder in der Nähe betrachtet freilich einem Wegknechtshut. Dauthendey aber sagte mir, ich solle nur ruhig sein; denn nach jedes vernünftigen Menschen Überzeugung kleide mich die Kopfbedeckung so vorzüglich und vorteilhaft wie nichts sonst. Befürchtungen seien ungeziemend, und jeglicher Zweifel sei in gleich hohem Grade unpassend wie dagegen der betreffende Hut sitze, harmoniere und passe.

Bald traten wir denn in einen der zahlreichen Würzburger Weinkeller und Trinkstuben hinunter, wo wir uns auf die vergnüglichste Art Essen und Trinken darreichen ließen. Prächtig saß und plauderte es sich im kühlen, schattigen, duftig-stillen Winkel.

Acht Tage, länger nicht, aber auch nicht weniger lang, blieb ich unter meines Freundes liebenswürdigem Schutz in der schönen Stadt Würzburg, an die ich mit großem Vergnügen zurückdenke. Würzburgs Bewohner schienen mir heiter und zugleich fleißig, gesellig und zugleich höflich zu sein. Wie manche Straßen prächtig waren und einen bedeutenden Anblick darboten, fand ich den Verkehr lebhaft, und das ganze Stadtwerk konnte man von reichlichen grünen Baumanlagen aufs artigste umschlungen und umsponnen sehen. Weit und breit zogen sich angenehme, wohlwollend rauschende, freisinn-erfüllte Spazierwege hin, auf denen es sich wohl lohnte zu spazieren. Dauthendey führte mich gelegentlich in ein außerhalb auf einem Rebberg anmutig gelegenes Landhaus ein, wo mir erlaubt wurde, allerlei freundliche und gebildete Leute kennenzulernen, die dem edlen Gastrecht einen fühlbar freien, behaglichen Spielplatz einräumten.

Unter anderem besuchten wir zusammen das fürstbischöfliche Schloß oder Palais, wo wir neben mancherlei andern Kostbarkeiten und Schönheiten Tiepolos herrliche Wandmalereien bewunderten. Sachte und aufmerksam gingen wir durch alle jene staunenswürdigen Säle, worin einstmals ein pracht- und verschwendungliebendes Fürstengeschlecht wohnte. Schwelgerische Herrlichkeit war mit dem anmutigsten Geschmack und die zierlichste Art mit üppigem, kapriziösem Reichtum verbunden. Das Schloß selber erschien unsern staunenden Augen gewaltig groß; seine phänomenalen Dimensionen erinnerten uns sichtlich an die recht eigentlich schreckliche Allgewalt der früheren Fürsten. Der weitläufige kunstvolle Hofgarten kam uns wie ein Märchen vor. Königlich wußten die Könige und Fürsten schon von außen zu wirken, und wer dann seinen Fuß noch in die innere sinnverwirrende Pracht setzte, der mußte, weil ihn fabelhaft schönen Anblickes Übermacht beugte und lähmte, augenblicklich bekennen, daß er mit fürstlicher Hoheit verglichen nur ein armer, schwacher, nichtsbedeutender, in Demut und Gehorsam verharrender Untertan sei, vom Geschick bestimmt, alle harten Zumutungen und alle ihn erniedrigenden, entwürdigenden Voraussetzungen sanft zu dulden wenn nicht schließlich vielleicht sogar noch zu lieben.

Reizende acht Sommertage waren es. Ob ich noch Geld habe, fragte mich Dauthendey. »Nein«, gab ich zur Antwort. Das habe er sich gedacht, meinte er mit höchst verständnisvollem Lächeln, worauf er mir etwas weniges gab. Er besaß selber nicht viel. Um Finanzen von Künstlern steht es meistens ziemlich übel; bedauerlicher Umstand, der die Betreffenden jedoch nicht hindern kann, freundlich und unbedenklich zu geben wie Brüder. Sie besinnen sich dafür auch beim Nehmen nicht lang.

Ging ich etwa nicht im Main baden? Durchaus zuversichtlich! Und bei dieser Gelegenheit muß die alte, imposante, statuengeschmückte Mainbrücke, eine der Sehenswürdigkeiten Würzburgs, erwähnt werden. Saß man nicht des Nachts unter den dichten Zweigen hoher Bäume beim Glas Wein oder Bier im Konzertgarten, um auf Mozartische und andere Töne voll Genuß zu lauschen? Herrlich war die Reihe der aufeinanderfolgenden schönen lauen Nächte, in deren einer ich, da mir wegen Verspätung kein Einlaß ins Gasthaus mehr gewährt wurde, auf einer Anlagebank unter freiem Himmel übernachtete. Ein Schutzmann, der nächtlings auf und ab patroullierte, betrachtete den Übernächtling, der im Hotel zur holden Natur frei logierte, scharf und lang, weil er sich vermutlich verpflichtet fühlte, zu ergründen, ob der Nächtiger dicht vor ihm ein Spitzbube und als solcher gemeingefährlich, oder ein ehrlicher Mensch und als solcher gemeinnützig sei. Am folgenden Tag war ich schläfrig. Seltsame Gesichter, Visionen, Gebilde, darunter Gestalten wie Romeo ohne Kopf in Shakespeares »Romeo und Julia« leuchteten dunkelrot am heiterhellen blauen Tag, unter dem lichten leichten Himmel vor mir auf. Meine schlaftrunkenen, besser unausgeschlafenen Augen schauten in einen glühenden Orient, in ein Phantasieland, und der Boden, auf dem ich ging oder wenigstens ordentlich zu gehen genügend fest entschlossen zu sein schien, drehte sich traumhaft rund um mich herum.

Ich mußte mir überhaupt nachgerade wie ein rechter Erzvagabund und Tagedieb vorkommen, und weil mir ein so schlechter Eindruck denn doch durchaus nicht gefiel, so fand ich es im geheimen für nicht im geringsten unangezeigt, nach und nach zu beschließen, derartiger faulenzerischer Lebensweise bald einmal ein gemessenes Ziel zu setzen und dementsprechend den Herrn Grafen oder Herrn Faulpelz, falls er liebenswürdigerweise mit notwendiger Korrektur einverstanden sein und allfällige bequemliche Einwendungen gefällig fallenlassen wollte, wieder auf arbeitsamere Bahnen hinzulenken.

Aß und verzehrte ich nicht in bildhübschem Kastaniengarten über einem sonnigen Flußufer besten ländlichen Pfannkuchen mit appetitlichem grünem Salat? Ganz gewiß! Und sah ich mich nicht mit einer in München die edle Malerei studierenden Russin, mit sowohl dunkelhäutiger wie -äugiger Amerikanerin und mit wirklichen, wahren, echten, lorgnonbewaffneten Geheimrätinnen müßige Gespräche führen? Schrieb ich Müßiggänger und sommerlicher Zeitverschwender etwa nicht ein ziemlich langes, inniges, feuriges Gedicht in einer Dame Gedichtalbum? Kein Zweifel! Und weshalb auch nicht? Und spielte ich nicht im ganzen genommen eine völlig nutzlose, zwecklose, haltlose, verantwortungslose und mithin überflüssige Figur? Jawohl!

Ein Ernst überkam mich, und ich beschloß abzureisen, weiter fort in die Welt hinauszufahren. Bei allem Schlendern empfand ich eine unnennbare Sehnsucht nach folgerichtiger menschlicher Bestimmung, so hart sie sich auch erweisen mochte. Mich trieb es in außerordentlich hohem Grade nach Ordnung und täglicher Arbeit, und ich sehnte mich nachgerade nach nichts anderem mehr so lebhaft wie danach, daß ich irgendeine Pflicht fände und erfülle.

»Ich muß Sie«, sagte ich zu Dauthendey, als wir zuletzt

noch einmal miteinander durch die stillen mitternächtlichen Gassen gingen, wobei jeder sich irgendwelchen eigenen Gedanken überließ, »um zwanzig Mark bitten, damit ich morgen früh nach Berlin fahren kann.«

Er gab mir das Geld sogleich. Den eigenartigen Handel und die nachdenkliche einsame Szene beleuchtete eine fragwürdige Laterne.

»Ich danke Ihnen; denn sehen Sie: Ein Schicksal befiehlt mir, und ich muß fort! Lachen Sie mich aus, wenn Sie wollen; das hindert mich nicht im mindesten, zu fühlen, daß es mir mit dem, was ich Ihnen sage, ernst ist. Ich setze voraus, daß irgendwo ein redlicher Lebenskampf vorhanden ist, der auf mich wartet, den ich daher aufsuchen muß. Träge Schönheit, lauen weichlichen Sommergenuß, Säumen, Verweilen, Zaudern vermag ich auf die Dauer nicht zu ertragen; denn ich scheine nicht dafür geschaffen zu sein. Vielmehr bin ich vom wundervollen, gefährlichen Gedanken und von der glücklichen Überzeugung durchdrungen, die mir sagen, daß ich geeignet bin, mir durch die Welt und ihre Rücksichtslosigkeiten eine Bahn zu brechen, mich bis dorthin durchzuschlagen, wo mir regelrechte Arbeit und höherer Sinn entgegentreten. Ich sehe Sie lächeln – Sie tun das ohne Zweifel, weil Sie meine Sprache ungemein pathetisch finden. Ich aber finde, daß das Leben einen Klang, eine Wucht enthalten soll, und ich glaube, daß es Leute gibt, die ohne Geruch von Wagnissen nicht leben mögen. Leben Sie wohl!

Ich bilde mir ein, daß Berlin die Stadt sei, die mich entweder stürzen und verderben oder wachsen und gedeihen sehen soll. Eine Stadt, wo der rauhe, böse Lebenskampf regiert, habe ich nötig. Eine solche Stadt wird mir gut tun, wird mich beleben. Eine solche Stadt wird mich begünstigen und zugleich bändigen. Eine solche Stadt wird mir zum Bewußtsein bringen, daß ich vielleicht nicht gänzlich ohne gute Eigenschaften bin. In Berlin werde ich in kürzerer oder längerer Zeit zu meinem wahrhaftigen Vergnügen erfahren, was die Welt von mir will und was meinerseits ich selber von ihr zu wollen habe. Halb fühle und sehe ich es schon; aber es ist mir noch dunkel. Dort in Berlin wird es mir klar sein; dort in Berlin werde ich es eines Abends oder frühen Morgens mit erwünschter Deutlichkeit wissen. Es gilt zu handeln; zu wagen! In Berlin, mitten im Strudel und Getümmel und in all der Unruhe aufgeregten Weltstadtlebens, in angestrengter Geschäftigkeit und Tätigkeit, werde ich meine Ruhe finden. Was ich hier sage, dessen bin ich sicher, und was ich rede, werde ich erleben.«

Wohl suchte mich Dauthendey freundschaftlich zu überreden, von der Reise abzustehen; aber am nächsten Morgen saß ich trotz aller Abratungen im Eisenbahnwagen, der mich ins Ungewisse hinaustrug.

Ach, es ist herrlich, einen Entschluß zu fassen und voll Zutrauen einem Fremden entgegenzugehen.

Annette Kolb

Eine Würzburger Nachtigall ist etwas Besonderes, und sie ist anders als ihre Artgenossen. So meint Annette Kolb (1870-1967). Mit den Gedanken an den Gesang einer Würzburger Nachtigall verbindet sie die Erinnerung an eine Frühlingsnacht in dieser Stadt, an die sie noch weitere Erinnerungen geknüpft hat, und die 1964 in Buchform herausgegeben wurden.

Die Würzburger Nachtigall

Es gibt kein Orchester, es gibt nur Dirigenten.

Genug über Spatzen. Von diesem Massenprodukt der Natur ausgehend läßt sich zwar vom Hundertsten ins Tausendste gelangen, aber bei ihr verweilen kann man nicht. Edlere Vögel haben größere Anrechte.

Vor vielen Jahren verbrachte ich eine Frühlingsnacht im lauen Würzburg. Wieso? Warum? Bei wem? In wessen Haus weiß ich nicht mehr. Der Hauch des Gartens aber erfüllt, als wäre es gestern, das Zimmer, in dem ich lag. Wie mein Erwachen, wie das Stillestehn meines Herzens vor einer Stimme, die sich erhob. Ich hatte noch nie eine Nachtigall gehört, aber von einer Nachtigall mußte sie kommen. Es gab Leute, die darüber klagten, daß sie durch das fortgesetzte Schlagen der Nachtigallen nicht schlafen könnten. Aber das müssen Choristinnen sein, es muß Choristinnen bei den Nachtigallen geben. Die Würzburger Nachtigall hingegen war ein Phänomen – ein Wunder, ob sie probte oder präludierte, oder ob ihr Sang mit einer Kunst ohnegleichen in herrlicher Losgelöstheit die Erde tief unter sich ließ. Rätsel auch hier.

Mein erstes Konzert, in das ich, elf oder zwölf Jahre alt, mitgenommen wurde, lag kaum ein Dezennium zurück. Von Erwartungen geschwellt zog ich ihm entgegen. Da ja schon einzelne Instrumente, wenn gut gespielt, entzücken konnten, wie hinreißend mußte doch die Klangwirkung ihres Zusammenspiels in seiner Gesamtheit sein. Auf so unvorstellbare Eindrücke wäre die beste Vorbereitung gewiß, daß man vorher nichts äße.

Aber gleich beim ersten Einsatz fiel ich aus allen Himmeln. Denn was da ertönte, war doch recht mittelbar, nicht ohne weiteres feierlich und überirdisch schon gar nicht. Mit andern Worten: ich hatte mir *die Musik* schöner vorgestellt.

Nur die Würzburger Nachtigall auf ihrer Einbahn war die erträumte Beglückung, ich wehrte dem Schlaf nicht, in den sie mich sang, sondern ließ mich versinken, das Leben war ja so reich, ich war so jung, oft noch gedachte ich, solchen Nachtigallen zu lauschen.

In Südfrankreich, Italien, Spanien, den Kanarischen Inseln, in den Gärten von Bagatelle nahe bei Paris bin ich gewesen – aber niemals und nirgends bis auf den heutigen Tag habe ich je wieder eine Nachtigall gehört, und diese Entbehrung blieb über mein ganzes Dasein verhängt.

Milder zog sich der Monat Januar 1956 bis an sein Ende hin. Wer aber vergäße je den eisigen Februar desselben Jahres? Die Krankenhäuser füllten sich, und Penicillin war dort die Parole. Mein Zimmer sah auf den Garten, es hatte auch einen Balkon mit einem Tisch, und es meldeten sich dort bei meinem Eintritt sehr reduziert – wie wäre es anders gewesen – einige Spatzen. Fürs erste war ich keiner anderen Betätigung fähig, als Semmeln zu verkrümeln, was natürlich den Zulauf vor dem Fenster sehr belebte. Aber in Schach gehalten wurde er durch eine unförmig große, häßlich alte, wie es schien, und schrecklich gierige Amsel, so daß die Spatzen mit dem, was sie aufpickten, schnell wieder davonflogen.

Die Schwester brachte ein Vogelhaus in Form eines Pavillons herein, dessen Dach einen ausgehöhlten Holzteller überhing, in den sie alle Brosamen hineinschüttete, statt sie zu streuen, so gewann sie Zeit, denn sie hatte sehr viel zu tun. Auch mir leuchtete ihr Verfahren ein, und ich spendete ihr meinen Beifall. Aber kaum war sie draußen, so stürzte sich die Amselgroßmutter auf die gehäufte Schüssel, pickte so viel auf, wie sie konnte, und breitete sich dann wie eine Bruthenne darin aus, weit ausladend, wie ein Schwerkapitalist annektierte sie den ganzen Proviant, und welcher Spatz hätte es gewagt, sich der Zitadelle der Brotkammer, ach, zu nähern. Es war ein so niederträchtiges und böses Verfahren, daß ich alle Amseln der Erde verwünschte.

Nicht minder empörend war der Anblick, der sich am nächsten Morgen bot: der häßliche alte Vogel erhob sich nur, wenn er fraß, dann hockte er wieder furchtgebietend auf seiner Beute, und bis auf ihn blieb die Stätte leer.

Ich wartete auf die Schwester. Hatte sie heute ihren Ruhetag, daß sie säumte? Doch was begab sich da urplötzlich? Der Leser wird es nicht glauben, und ich selbst mißtraute meinen eigenen Augen. Gab es einen Gerichtshof bei den

Vögeln? Hatte ein Spatz bei ihm vorgesprochen? Es schossen bei Gott zwei junge schöne Amseln, so blank von Gefieder, als sei es geschliffen, auf die alte Amsel zu, welche die Situation augenblicklich begriff, dem Stoße auswich, fortflog und sich nie wieder sehen ließ.

Ich zerbröckelte eilig eine frische Semmel. Die Schwester trat ein, streute sie aus. Den Pavillon nahm sie wieder mit.

Und die Spatzen? Ei, wären es Spatzen gewesen, wenn nicht wenigstens einige von ihnen die Vorgänge beobachtet und schleunigst verkündet hätten? Sie sammelten sich wieder natürlich. Wie schließlich und endlich die Dinge verliefen, kann ich nicht sagen, denn ich verließ bald darauf das Spital.

Nachwort

Würzburg, abends um 21.00 Uhr: Eine einzelne Glocke mit volltönendem Klang läßt sich über der Stadt hören. Abend für Abend. Freilich, Würzburg ist eine katholische Stadt. Und es fehlt nicht an herrlichstem Geläut. Aber hier wird nicht zum Gottesdienst gerufen, sondern Erinnerung wachgehalten. Erinnerung nämlich an den 16. März 1945, als in den Abendstunden das nahezu unversehrte Würzburg durch Brandbomben der Alliierten zerstört wurde und in einem Flammeninferno in Schutt und Asche sank. Im Zuge einer nie geglaubten Wiederaufbauleistung erstand Würzburg in kurzer Zeit aufs neue. Recht besehen war es das zweite Mal, daß Würzburg ein neues Gesicht erhielt. Denn die Aufbauleistung des Fürstbischofs Julius Echter von Mespelbrunn, der dieser Stadt erstmals ein – bis zu jener Nacht des Jahres 1945 gewahrtes – Gepräge gab, war die eigentliche geniale Tat, der Würzburg seine bau- und kulturgeschichtliche Bedeutung im Ursprung zu verdanken hat.

Natürlich war die Stadt seit je strategisch günstig gelegen. Nicht ohne Grund hatten sich schon früh keltische und dann in der nachchristlichen Zeit fränkische Siedler hier niedergelassen. Und ebenfalls nicht ohne Grund hatte hier die Christianisierungsabsicht des iroschottischen Wanderbischofs Kilian einen Schwerpunkt ausgemacht. Als 741 das Bistum Würzburg errichtet wurde, bildete Würzburg im Kern die Mitte des fränkischen Raumes bis an die Grenzen von Bamberg und Eichstätt, und es fehlte nicht viel, um dann zwangsläufig alsbald landesherrliche Rechte mit der Bischofswürde zu vereinen: Der Bischof von Würzburg als Herzog von Franken. Aus diesem Machtgefühl heraus mußte sich ein Julius Echter von Mespelbrunn auf seine Repräsentationspflicht besinnen. Lieber aber noch sah dieser fürstbischöfliche Herrscher einer Verewigung im Bereich der Wissenschaft und des sozialen Engagements entgegen.

Was man in Würzburg in diesem Bezug bis heute zu sehen und zu spüren bekommt, ist und bleibt in der Tat das Erbe dieses humanistisch orientierten, vorausdenkenden Regenten. Der Ansporn rührte ohne Zweifel vom gegenreformatorischen Oppositionsgeist her, denn eben noch war Martin Luther zu Gast im Augustinerkloster gewesen (1518). Als Julius Echter von Mespelbrunn 1617 stirbt, steht die gebreitete Anlage des Juliusspitals, ist die Neugründung der Universität abgeschlossen, ebenso der Ausbau der Festung Marienberg. Schon zu diesem Zeitpunkt ist absehbar, daß Würzburg weiter expandiert und daß das fürstbischöfliche Gepränge, bislang in den Fortifikationen auf dem Marienberg in Schranken gehalten, nach außen drängen wird. Genau dies ereignet sich. Ein Jahr nach seiner Thronbesteigung legt Fürstbischof Johann Philipp Franz von Schönborn den Grundstein für die weltweit berühmt werdende Fürstbischöfliche Residenz. Weit mehr noch als der Dom wird dieser Regentenpalast Ausdruck barocken Macht- und Standesdenkens. In diesen Koordinaten zwischen Gründung der Universität und Fertigstellung der Residenz, in der Spanne zwischen dem Schaffen Riemenschneiders und der genialen Bautätigkeit Balthasar Neumanns, unterbrochen durch den Einfall der Schweden, die 1631 bis 1634 Würzburg besetzten, ist der Scheitelpunkt Würzburger Glanzes erreicht, der bis zur Bombennacht 1945 dieser Stadt ihr strahlendes Licht gab.

Dabei war im letzten eine geniale Idee gar nicht zur Verwirklichung gelangt. Denn wenn man es recht besieht, hätte die Achse von der Festung Marienberg hin zur Residenz, angesiedelt im direkten Gegenüber und mit dem Rücken unmittelbar zur Stadtbastion, eine Achse von dem Format einer Repräsentationsallee ergeben können. Dom und Neumünsterkirche bilden allerdings einen starken Riegel, und auch in neuerer Zeit hat man sich nicht entscheiden können, das Kleinwerk an Häusern, das sich beim Austritt aus der

Residenz dem Auge bietet, durch ein großzügigeres Ambiente zu ersetzen. So erschließt sich die Genialität des fürstbischöflichen Gegenübers nur in der Vogelschau; statt dessen bilden Festung, Dom und Neumünster und schließlich die Residenz eine städtebauliche Trias als optische Höhepunkte eines einstmals so bedeutenden geistlich-weltlichen Machtmonopols.

Die Residenz aber ist glanzvolles Zentrum in vielfacher Hinsicht, das nach 1750 in Würzburg nicht mehr übertroffen wurde. Und deshalb muß auch hier der Weg durch die Stadt sinnvollerweise seinen Ausgang nehmen. Von hier aus ist es ein Gang nur zurück in die Geschichte, kaum mehr nach vorne.

Zu welcher Jahreszeit Würzburg wohl am schönsten sein mag, darüber lohnt der Streit nicht. Wenn mildes Herbstlicht den alten Baumbestand im Hofgarten verzaubert, fühlt man sich an den »totgesagten Park« aus den Versen Stefan Georges erinnert. Eine Jugendstil-Tristesse der alten Bäume im englischen Landschaftsstil mischt sich mit der Barockarchitektur der wuchtigen Rückfassade der Residenz, hinter der – sehr beziehungsreich – zu ebener Erde die musikwissenschaftliche Abteilung der Universität die Pariturseiten umblättert: »Der Garten trauert, ... der Sommer schauert still seinem Ende entgegen« – viel Lyrik, viel Musik, gerade solche von Hermann Hesse und Richard Strauss kommen in den Sinn. Dabei hat Würzburg, die bei aller Enge doch so sonnendurchlichtete Stadt, zu Mozart so ganz seine Affinität gesucht und offensichtlich auch gefunden. Das alljährliche Mozartfest, im Juni ist es ein Ereignis, das mehr über die Stadt, ihre Atmosphäre, ihr Lebensgefühl aussagt als dürre Fakten. Die »Nachtmusik«, die spätabendliche Serenade im Hofgarten, jeweils zu Beginn und zum Ende des Mozartfestes, ist die Symbiose aus zu Stein gewordenem und sphärischem Klang. Mozart-Klänge, Naturschöpfung, Architektur, Laternen und Fackeln, Gartenbänke, leise vorübergehende Paare, umgeben von Musik, bilden ein Ambiente, das freilich bald Gefahr läuft, es dem Salzburger Kommerz gleichzutun. Aber es gibt noch die einsamen Herbsttage, an denen man fast alleine das Deckengemälde Tiepolos im grandiosen Treppenhaus der Residenz bewundern kann. Es gibt noch den »Nachklang« von Weißem Saal und Kaisersaal, durch die im Juni bei Kerzenlicht eine Jupiter-Symphonie oder eine Haffner-Serenade wehte. Auch Napoleon durchschritt die Paradezimmer und unterschrieb 1806 die Kriegserklärung an Preußen. Und schon zuvor hatte Maria Theresia 1745, kaum daß die Residenz vollendet war, ihren Fuß über die Schwelle des Prachtbaus gesetzt, der sich mit der Wiener Hofburg zu messen sogar beabsichtigte. Ein Wunder, daß das überdimensionale Deckengemälde Tiepolos das Inferno von 1945 unbeschädigt überstand. Der eigentliche Meister, der das Zusammenspiel so vieler profilierter Künstler und fürstbischöflicher Auftraggeber in einen Guß zu bringen verstand, war Balthasar Neumann. Hinter dieser Fassade vereinigte er einen Gartensaal mit farbdeftigen Akzenten der Deckenfresken des Johannes Zick aus Lachen bei Ottobeuren, genau darüber Tiepolos Kaisersaal-Ausgestaltung mit den grandiosen Gesten eines Italieners, dann die nicht minder politisch gemeinte Allegorie im Treppenhaus, die von einem venezianischen Lichthimmel überstrahlt wird, weiter über den matt weißen Rokoko-Stuck des Antonio Bossi, über den ein Goldschleier von leichter Hand gezogen ist, bis hin zu den klassizistischen Anklängen in den Räumen nördlich des Kaisersaals, die sich im Blick auf den Hofgarten mit seinen Putten und Konsolen fortsetzen. Ganz zu schweigen von der Vielzahl der architektonischen Mitredner, allen voran Johann Lukas Hildebrandt, dessen Belvedere in Wien in der Würzburger Residenz ja in der Tat nachzuklingen scheint. Maria Theresia wird doch nicht ohne Grund Augenschein haben nehmen wollen.

Die Hofkirche – und das hatte Neumann durchgesetzt –

ist nicht im Zentrum der bischöflichen Residenz zu finden. Hier herrschte das Gesetz architektonischen Augenmaßes, und dies offenbar auch in einvernehmliche Abstimmung mit dem Fürstbischof selbst. Kein Wunder, daß man in der Raumwirkung an die Münchner Asamkirche erinnert wird: Auch hier die Emporenkirche, wie in eine Hauswand eingebaut, nach oben strebend, wenngleich hier nicht die Dekkenfresken von Rudolph Byß den Juwel bilden, sondern nochmals Tiepolo mit den beiden großen Bildern der Seitenaltäre. Nochmals venezianisches Licht, angesichts der Himmelfahrt Mariens, nochmals die kolossale Wucht im Sturz der Verdammten. Und wenn man heraustritt: Wiener Reminiszenzen, die Anklänge an trajanische Säulen, genau so, wie sie das Monument der Wiener Karlskirche einrahmen.

Ein Blick zurück noch nach dem Hofgarten, vorbei an den prunkvollen schmiedeeisernen Toren des Tirolers Johann Georg Oegg – bedauerlich, daß das schwungvolle Gitter verloren ist, welches einst den Ehrenhof der Residenz in der ganzen Breite abschloß, und für das der Franconia-Brunnen von 1894 nur schwachen Ersatz bietet. Auch ein August Graf von Platen lustwandelte immer wieder im Hofgarten; Fürst Pückler-Muskau, selber einer der genialen Gartenarchitekten seiner Zeit, bewunderte die überlegene Anlage. Und auf den zweiten Blick gewahrt das Auge über den Garten hinweg nach Norden hin die spitzen Türme der Johanneskirche, deren modernes Gewand, den Kriegsresten dieses Gotteshauses mit leichter Hand übergeworfen, einen spezifischen städtebaulichen Akzent setzt. Und dies in Nachbarschaft zu dem in einen Park eingebetteten Kriegerdenkmal, der Hochschule für Musik gegenüber.

Auch nach dem Krieg hat sich das Gewinkel der Häuser und Straßenzüge nicht verändert. Die Stadt wurde aus der Enge heraus immer weiter nach außen hin ausgebaut, in der Gründerzeit dann sogar bis über die alten Bastionen der Stadtgrenzen hinweg. Als hätte es Julius Echter schon geahnt, setzte er mit dem Bau der Alten Universität zwischen Domerschulstraße und Neubaustraße demgemäß einen städtebaulichen Eckstein zu Dom und Neumünster, zu denen in ungefähr gleicher Entfernung auf der gegenüberliegenden Seite das Juliusspital in die Breite wächst. Hier, am südwestlichen Ausgang des Hofgartens, dominiert am spitzen Straßenzulauf die St. Michaels-Kirche. Unnötig zu sagen, daß auch diese Kirche des Priesterseminars bis auf die Außenmauern ausbrannte und erst vor wenigen Jahren durch eine moderne Innenausstattung ihre eigenwillige, etwas überdimensionierte Note bekam. Zerstört auch die jüdische Synagoge, die gleich nebenan für die nicht gerade kleine Gemeinde ausreichte. Eine Gedenktafel immerhin erinnert an »damals«. An der gestreckten Fassade des Priesterseminars entlang ist dann unversehens die Front zurückversetzt und öffnet sich in breitem Tor zum Innenhof der Alten Universität, in der zuletzt noch die Juristen beheimatet waren und die Universitätsbibliothek. Bis dann schließlich – nach Campus-Manier der neugegründeten Universitäten der 70er Jahre – die Wissenschaft in einer Exklave am Hubland mit Mensa und Bibliothek angesiedelt wurde. Am Anfang waren hier nur Ackerflächen und die wenigen glühendheißen Asphaltstraßen wurden von sonnendurchreiften Zwetschgenbäumen gesäumt. Inzwischen hat sich dort oben nicht nur studentisches Leben, sondern auch Siedlungswerk breitgemacht. So bleibt ein wehmütiger Rest Erinnerung angesichts des alten Universitätshofs mit dem Blick auf die schöne Renaissancefassade der wohlbemessen in die Straßenzüge eingepaßten Universitätskirche des Julius Echter von Mespelbrunn. Gottesdienste braucht es in dieser Kirche nicht mehr, wo doch so viele Glocken in der Stadt läuten. Als Konzertraum und akademische Aula ist das einstige Gotteshaus zum Zweckgebäude alterniert.

Aber wer die Kirche als Gotteshaus sucht, begegnet ihr in Würzburg auf Schritt und Tritt: etwa in der altehrwürdigen

St. Stephan-Kirche, mit dem Rudolf-Alexander-Schröder-Haus das geistlich-geistige Zentrum der evangelischen Christen in Ergänzung zu ihrem kirchenmusikalischen Mittelpunkt, der Johannes-Kirche. Und dann natürlich St. Peter, die Kirche mit dem mahnenden Glockenruf in Erinnerung an den 16. März 1945. Von der Innenausstattung ist vor allem die Rokoko-Kanzel des keineswegs italienisch abstammenden Meisters (Johann Wolfgang) Auvera bemerkenswert. Zuletzt hatte Josef Greising dem alten Raum die barocke Fassade vorgeblendet (1717), ein Mann, der mit Antonio Petrini gleichsam den »Lokalstil« Würzburgs prägte. Greisings Bürgerhäuser sind in der Neubaustraße als Ensemble heute wieder zu bewundern. Petrini hingegen hatte den Zug zur Genialität, wie der Turm der Universitätskirche erkennen läßt und vor allem die gestalterische Kraft, die an Stift Haug, Petrinis Haupt- und Meisterwerk barocker Größe, ablesbar ist – in Nachbarschaft zum Juliusspital, aber doch schon extra muros! Freilich darf man in diesem Gefilde des Bürgertums und seiner Behaglichkeit, in dem wir uns hier bewegen, die Franziskanerkirche nicht vergessen. Alten, geweihten Boden umschließt das Kloster. Der Kreuzgang, über den man das Klostergelände betritt, weist zumindest bauliche Reste des 13. Jahrhunderts auf, 12. und frühes 16. Jahrhundert schwingt im Innenraum der Kirche noch mit. Der schlichte Chor mit seinen spätgotischen Formen tröstet über die schmucklose Kargheit des Langhauses hinweg. Die allerdings entspricht den architektonischen Gemäßheiten, auf die sich der Minoritenorden in der Nachfolge des heiligen Franz von Assisi beruft. Ein stiller Ort, an dem immer Kerzen brennen: Die Pietà aus der Schule Tilman Riemenschneiders hat viele Verehrer im Würzburger Volk.

Der Erweiterungsbau der Alten Universität war fällig geworden. Die Gründerzeit hat dem zweiten Universitätsgebäude, der sogenannten Neuen Universität, den architektonischen Stempel aufgedrückt. Das Siegel der Universität aber trägt nicht etwa, wie man annehmen möchte, allein den Namen Julius Echters. Im Jahr 1803 erhielt die Hochschule durch den Kurfürsten Maximilian Joseph von Bayern den Namen Julius-Maximilians-Universität. Und nur konsequent war es, die medizinischen und naturwissenschaftlichen Institute der Universität dort zu belassen bzw. auszubauen, wo sie ursprünglich ihren Sitz unter Julius Echter zugewiesen bekommen hatten, nämlich rund um das Juliusspital. Rudolph Virchow lehrte hier für einige Jahre und Wilhelm Konrad Röntgen, auf den die Stadt besonders stolz ist, entdeckte hier die X-Strahlen. Und so durfte Würzburg seit 1901 auch einen Nobelpreisträger der Physik bei sich beheimatet wissen.

Am Sanderring ahnt man die Flußnähe. Die Brückenköpfe mit den beiden Bronze-Löwen mögen wohl in etwa Anlegeplatz und Erinnerungsstätte für ein besonderes Würzburger Erlebnis gewesen sein, das dem Schriftsteller Ludwig Ganghofer unvergeßlich geblieben sein dürfte. Von hier geht der Blick direkt hinauf zum »Käppele« des Balthasar Neumann und nach der rechten Seite empor zur Festung auf den Marienberg, unter dem sich, eingebettet in Weinhänge, die alte St. Burkardus-Kirche hineinduckt. Dorthin führt der Weg. Zuvor noch ein Blick auf die Karmelitenkirche, eingearbeitet in die geschlossene Front der Sanderstraße: Sozusagen eine »Draufgabe« des Würzburger Hausarchitekten Antonio Petrini, der hier mit der Fassade einen barocken Akzent setzte.

Das »Käppele« er-fährt man nicht, man er-steigt es. Die Kreuzweggruppen des Peter Wagner laden dazu ein, und wenn man Glück hat, trifft man dabei gerade auf eine Wallfahrergruppe, die heute wohl nicht mehr seit 3.00 Uhr in der Früh auf Knien die Stufen nimmt. Solche Bußakte waren freilich zu Zeiten des Leonhard Frank durchaus noch üblich, kleine »Unregelmäßigkeiten« in der Stufenzählung eingerechnet. Wem es nicht aus der Vielzahl der Kirchen Würzburgs schon einleuchtend wird, der begreift spätestens hier, daß Würzburg eine katholische Stadt ist. Denn oben angekommen mischt sich in die warme Geborgenheit, mit der die Kirche den Besucher umfängt, eine tiefe Andacht und mannigfache Volksfrömmigkeit. Im klassizistischen Ambiente des Seitenflügels das Vesperbild, im angrenzenden Umgang die in keinem Kapuzinerkloster fehlende Krippe mit musikalischem Spielwerk und die ganze Vielfalt an Wallfahrerkerzen, Votivbildern und sonstigen Zeichen der Gebetserhörung und des Dankes. Aber vor allem ist es die Verspieltheit des Rokoko, der Balthasar Neumann nach den Mühen um die Residenz in wahrer Verliebtheit anhängt. Die Gnadenkapelle war zuerst, Balthasar Neumann baute an, aber der Zug zum Klassizismus hat sich dann vom Hochaltar hinüber auf die Kapelle mit dem Gnadenbild übertragen.

Blautöne als Marienmotiv klingen von der Seite herüber, setzen sich von dort in das Hauptschiff fort und mischen sich mit den rot-ockerfarbenen Fresken des Augsburgers Matthäus Günther. Und wer im Hinausgehen einen Blick zur Orgel emporwirft, wird sich, ohne ihn zu hören, den Klang des Zimbelsterns im Register dazudenken können.

Und nun, da sich das Portal öffnet, atmet man befreit auf und begeistert sich. Eine frische Luft weht von der Fluß- und Weinbergebene hinauf, und die Anstrengung von 265 Stufen möchte man nicht mehr für möglich halten. Da liegt die ganze Pracht dieser Stadt, die von der Höhe aus Goethe, Heine, Platen und viele andere geradewegs berauschte. Hier wird die Vieltürmigkeit der Stadt ob der Enge der alten Umfassung optisch greifbar, hier erkennt man deutlich die Trias von der Festung über den Dom zur Residenz, hier sieht man den Grüngürtel der Ringanlagen, der Würzburg, vom Mainumlauf ergänzt, wie ein Kranz umschließt. Eine schöne Stadt liegt vor Augen.

Die frommen Prozessionen von hier nach dort sind seltener

geworden, haben ihre Anziehungskraft verloren. Georg Heym und anderen sind sie nicht mehr verzeichnenswert erschienen. Die Tagebücher, die den Weg zum Käppele hinauf beschreiben könnten, die Briefe, die erzählenden Schilderungen sind nicht mehr entstanden in den Jahren nach dem Krieg. Aber die Festung, dem Käppele direkt gegenüber, ist ungebrochen Anziehungpunkt über Zeiten. Zunächst aber heißt es wieder bergab, hinab auch in die frühe Geschichte Würzburgs.

Die Wiege des christlichen Würzburg liegt am Fuße des Marienbergs. St. Burkhard – eine der schönsten, eine der ältesten Kirchen Würzburgs. Auf der Suche nach der Entfaltung muß man weit zurückgreifen: Am Anfang ein Benediktinerkloster, um 750 gegründet, dann die romanische Kirche, 1042 im Beisein Kaiser Heinrichs des III. geweiht, dann ein gotischer Chor von 1497 und in den Jahren nach 1663 die Wölbung des gesamten Chorraums. Formvielfalt ist in Würzburg in Übergängen reichlich anzutreffen, zumal im Wechsel von Barock zum Rokoko. Aber das rein Romanische hat sich, optisch hier leicht erfaßbar, am besten in St. Burkhard erhalten und, nach der stilistischen Purifizierung im Zuge des Wiederaufbaus, auch im Dom. In St. Burkhard aber atmet aus dem Massiv des Marienbergs noch das frühe Mittelalter im Langhaus herauf, aus dem es herauswächst, immer weiter steigen die Stufen hinan in die Gotik, und dann fällt der Blick auf den »Riemenschneider des frühen 20. Jahrhunderts«: Matthäus Schiestl, einer verzweigten Dynastie von Malern, Bildhauern, Graphikern entstammend, der den sehenswerten Hochaltar für dieses Gotteshaus schuf. Nach aller barocken Lichtheit dieser Stadt gewinnt die klare Strenge der romanischen Struktur ihre nicht minder erhabene Bedeutung. Fast übersieht man, vertieft in die Reliefs des mittelalterlichen Taufbrunnens in der Vierung, den leichten, gleichsam provisorisch an die Seite gestellten Glasschrein an der südlichen Querhausfront, der den Busto einer Madonna mit Kind birgt. Ein Riemenschneider, mattfarben gefaßt und von einer Zartheit, die durch das elfenbeinfarbene Weiß im Antlitz noch betont wird. Hermann Hesse, zeitlebens auf stillen Wegen wandelnd, entdeckte die unscheinbare Kostbarkeit beim Spaziergang durch Würzburg und hob sie unter allen anderen Gütern dieser Stadt hervor. Seine Impression war auch zu einem Meisterstück seiner Prosa geraten.

Ein Heuwagen wird gerade noch durch den Bogen unter dem Chor von St. Burkhard hindurchgekommen sein; beklommen schaut man auch heute noch nach rechts dahinter hervor auf das lastende Bollwerk der Gefängnisfassade. Daß der Klassizismus, hier wie in einem verfrühten Vorgriff auf den Jugendstil, die Botschaft der Strafjustiz so niederdrükkend zu Stein werden lassen konnte, beeindruckt und befremdet zugleich. Jedem seine »Ölberg«-Erfahrung, auch dem Frommen, dem Riemenschneider eine Passionserinnerung am Westportal von St. Burkhard hinterließ. Buchstäblich heiliger Boden aus den ersten Jahrhunderten des frühen Christentums liegt vor einem, denn nicht die Festung Marienberg war zuerst, sondern eben diese Kirche. Sicher aber war, wie immer in der Geschichte, am Anfang nicht die Stadt, sondern die Burg, oder richtiger in diesem Fall: das Schloß. Denn mit dem keltischen Ringwall auf dem Berg, kriegstaktisch gut gewählt, der bereits um 1000 v. Chr. überliefert ist, konnten die Fürstbischöfe wenig anfangen. Also mußte zu Beginn des 13. Jahrhunderts erst manche Baulichkeit geschaffen werden, um dem zugigen Ort annehmliche Wohnlichkeit abzugewinnen. Zuerst der Bergfried, dann bessere Befestigungen, schließlich die herrschaftliche Ausgestaltung des Ganzen – wie zu erwarten unter Julius Echter von Mespelbrunn und Johann Philipp von Schönborn. Bastionen, hinter denen man sich als weltlicher und geistlicher Regent einigermaßen sicher fühlen konnte, wenngleich manche Bastei infolge verheerender Brände und Erstürmungen dennoch fiel.

Geistliches Herzstück ist die Marienkirche im Innenhof; sie ist nicht weniger stattlich gemauert als die Festung selbst. Im Jahre 706 errichtet, kann sie als die älteste Rundkirche Deutschlands im Rechtsrheinischen gelten. Man bedenke, daß die Frankenapostel im Jahr 689 hingerichtet wurden, und schon 17 Jahre später entstand dieses Gotteshaus. Julius Echter hatte gerade hier noch einmal Hand angelegt und diesen kirchengeschichtlich wichtigen Zentralbau mit der würdigen Gemessenheit der Renaissance ummanteln lassen.

Ob der Blick von der Marienburg herab auf die Stadt schöner ist als vom Käppele, darüber könnte man Heinrich Heine befragen. Er jedenfalls votierte für die Ansicht vom Nikolausberg her. Dafür aber hat man nur von der Festung aus nach Süden den Blick über Weinhänge hinweg auf die russisch-anmutende Zwiebeltürmigkeit des Käppeles, auf seine gestauchten und gedehnten Kuppelformungen. Hier auf der Festung, zwischen dickmauerigen Remisen und Durchfahrten, Treppen und Brunnen, verbirgt sich eine Kostbarkeit, die der massigen Gewalttätigkeit der Fortifikationen diametral entgegengesetzt ist. Im ehemaligen Zeughaus, abseits gelegen, verbirgt sich eines der schönsten Museen Europas. Und nicht nur deshalb, weil die wichtigsten Werke Riemenschneiders (wenngleich bei weitem nicht alle, sind sie doch weithin im fränkischen Umland, über Europa und bis hinaus nach Amerika verstreut) hier versammelt sind. Das Zarteste steht zurecht in enger Nachbarschaft: Fayencen, Porzellan, edles Glas, Spitzenbilder der Andacht, die die volkskundliche Sammlung neben Hinterglasbildern inmitten einer ganzen Welt von Zeugnissen der Volksfrömmigkeit zeigt. Daneben Originale von dem vielen, was längst in Kopie im Hofgarten, in der Stadt und andernorts seinen Platz hat. Vorab schon stößt man auf die filigranen Bildwerke Adams und Evas von Riemenschneiders Hand, die noch vor Jahren im Original am Südportal der Marienkapelle am Marktplatz zu bewundern waren. Hier sind sie ihrer eigentlichen Heimat entrückt, entbehren ein wenig ihrer Körperlichkeit, die durch das vertikale Säulen- und Maßwerk der Marienkapelle so recht zur Geltung gekommen war. Aber was gibt es nicht trotzdem an diesen Bildwerken vor flachem Verputz zu bewundern. Welche Biegsamkeit in der Haltung, welche Unschuld, in der sich das erste sündige Paar dieser Erde zu erkennen gibt. Riemenschneider hatte mancherlei erprobt. Die Farbfassung der Madonnenbüste in St. Burkhard jedenfalls erweist sich im Vergleich mit den naturbelassenen Steinplastiken als eine Alternative, und auch von der hatte Riemenschneider offensichtlich schnell abgelassen. Denn sein eigentliches Material war das Holz. Nicht etwa, weil er mit dem Material besser hätte umgehen können, sondern weil das Profil des Holzes noch lebhafter »durchscheint« und gegenüber der geringeren Reliefschattierung des Steins die Ausarbeitung profiliert und bewußter zur Geltung bringt. Die Madonna im »Mainfränkischen« zeigt es, nicht minder aber die hl. Barbara, die in ihrer Weiblichkeit der Kunst des Lukas Cranach immer ähnlicher wird und doch übertrifft.

Daß Riemenschneider nicht nur in die Kunstgeschichte einging, sondern auch politisch Geschichte geschrieben hat, Würzburger Geschichte – nicht immer zum Vorteil der Stadt –, sollte man über dem Betrachten seiner Bildwerke nicht vergessen. Auch nicht, daß die Menschengestalt, die er schuf, ganz sicher dem Typus des Würzburger Bürgers entlehnt ist, jenen Frauen und Männern, die an seinem Geburtshaus in der winkligen Altstadt im Zentrum ihren Geschäften nachgingen oder im nahen Mainviertel. Ein frohgemuter Menschenschlag, dem in unserem Jahrhundert Leonhard Frank in seinen Romanen ein Denkmal gesetzt hat. Im Mainviertel also, in das man im Abstieg von der Festung vordringt, ist die »Räuberbande« beheimatet. Und auch Max Dauthendey kannte sich in diesen Winkeln mit seinen Fachwerkhäusern und seiner Romantik rund um die Fischerzunft gut aus. In diesem anheimelnden Eck steht denn auch eine der reizvollsten Kirchen Würzburgs. Wer in die Deutschhauskirche durch das von einer großen Kastanie verschattete Portal eintritt, ist verwundert ob der Wärme, die Gotik in einem solchen Raum auszuströmen vermag. Wer das Glück hat, hier einem Orgelkonzert mit Werken Johann Sebastian Bachs zuhören zu können, der ist nicht weniger reich beschenkt als jener, der unter Vollmond und Kerzenlicht den Klängen Mozarts sich hingeben darf. Die Schottenkirche, ein wenig nach hinten versetzt in Richtung der Steinburg, ein altehrwürdiges Gotteshaus auch dies, hat als Schicksal zu tragen, nach den Einwirkungen des Krieges vernachlässigt worden zu sein. Immerhin bietet die doppeltürmige Anlage einen städtebaulichen Blickfang.

Jetzt heißt es übersetzen vom Linksmainischen in die Mitte der Stadt. Und wie sollte der Weg anders führen als über die Alte Mainbrücke, die freilich schon stehen mußte, als die Fürstbischöfe auf dem Marienberg Platz zu nehmen geruhten. Der wehrhafte Bau stammt aus dem 12. Jahrhundert, aber die Geschichte hat an der Brücke weitergearbeitet: Was man an ihr heute bewundert, ist die Gestaltung aus dem 15. Jahrhundert, dazu die bewegte Figuration der Sandsteinplastiken des 18. Jahrhunderts. Ohne Zweifel fühlt man sich an Prag erinnert und bestaunt das Ensemble, das sich vom Alten Kranen her im Anblick der Alten Mainbrücke zur Festung hin erschließt. Heinrich von Kleist hat sich auf dieser Brücke manches Mal die Langeweile vertrieben. Was mit dem Rücken zur Festung von der Alten Mainbrücke den Besucher einst erwartete, bevor die Bomben alles niedermachten, war über die Maßen verlockend: Die Domstraße. Heute sind auf den Grundmauern des einst Vorhandenen die unauffälligen Bauten der 50er Jahre nochmals »zerstört« worden. Die Langeweile einer Fußgängerzone wie in jeder anderen Stadt Deutschlands auch hat sich breitgemacht, wäre da nicht der erhaltene Vierröhrenbrunnen und der Grafeneckart mit dem dahinterliegenden Rathaus und der Zugang auf die reromanisierte Fassade des Würzburger Doms, in dessen stets offenes Portal, wenn man nicht scharf hinschaut, die lärmende Straßenbahn geradewegs einzufahren droht. Der brillante Orgelklang, der unter den Händen des Domorganisten mit gleichermaßen lebhaftem Spiel dem Instrument abgewonnen wird, paßt geradewegs zu der feierlichen Weite dieses Raumes. Davon darf man getrost sprechen, auch wenn einem erst auf den zweiten Blick bewußt wird, wie uneins die »Erneuerer« dieses Domes nach dem Krieg agiert haben. Die Kompromisse zwischen den mäßigen Ansprüchen der Moderne in Anpassung an den strengen romanischen Grundton im Gegenüber zum schweren Stuck des Barock und den Kreuzgewölben der Gotik in den Seitengängen des Langhauses werden eigenwillig in jüngster Zeit noch einmal überboten von der künstlerischen Ausgestaltung des Chorraumes, der man im Wesentlichen die ursprüngliche Altarraumgestaltung der nachkonziliaren Zeit opferte. Vermutlich wird Riemenschneiders Triumphkreuz in der Vierung früher einmal ganz anders gewirkt haben als der nacherworbene romanische Christus auf Goldgrund. Die Goldtöne jedenfalls gehören im Charakter in die Schönbornkapelle, dem Gedenkraum jener Fürstbischöfe, die einst das architektonische Pendant in der Achse zur Residenz optisch zu bewerkstelligen versuchten. Ein Blick nach außen macht die Absicht evident. Die eigentliche kunsthistorische Kostbarkeit des Doms aber sind die monumentalen Grabdenkmäler im Langhaus. Die Ruhestätten jener Bischöfe des 15. und 16. Jahrhunderts liegen unter diesen Mauern, man sucht sie vergebens. Statt dessen lese man in den Gesichtern eines Rudolf von Scherenberg oder eines Lorenz von Bibra. Kaum ein anderer als Riemenschneider hat in seiner Zeit solche Gesichtslandschaften der Nachwelt zu hinterlassen vermocht.

Kilian, Kolonat und Totnan sind mit ihren Häuptern im Dom hochverehrt, und unter den noch »geretteten« Prozessionsformen einer jubelnden Kirche ist jene am Fest dieser »Apostel« eine der eindrucksvollsten, die den barocken Anspruch bis in unsere Zeit bewahrt. Traditionell führt an jenem Tag der Weg aus dem Domportal nicht weit hinaus, denn der eigentliche Ort der Verehrung ist das Neumünster, dem Dom unmittelbar benachbart. Hier hat sich das Tötungsritual an den Frankenaposteln zugetragen. Allen Nachkriegsschäden zum Trotz ist dem Neumünster die ganze Schönheit seiner Außenfront erhalten. Die konkave Wölbung im rötlichen Sandstein, davor die Heiligen in blendendem Weiß, und innen, unter mächtiger Kuppel, vermeint man spontan den eigentlichen Dom, wäre da nicht die Proportion auf eigenartige Weise vertauscht. Ein schmaler Chor zieht kaum den Blick an, dafür aber gleich nach der Empore Joseph Greisings Riesenkuppel, die dieser Würzburger Zimmermann wohl nur im Verein mit Johann Dientzenhofer zuwege gebracht haben mag. Unter diesem Oktogon in den Seitenkapellen ein rätselumwobener Christuskorpus und nochmals eine Riemenschneider-Madonna, traumverloren.

Diese Stätte hält für den, der beharrlich sucht, aber noch ein anderes Geheimnis bereit. Wer durch das nördliche Seitenportal hinaustritt, findet sich vor den Resten des ehemaligen Kreuzgangs, und dahinter verborgen, zwischen Wacholder und Eberesche, streckt sich ein großer quadermäßiger Stein, unter dem der Legende nach kein Geringerer als Walther von der Vogelweide ruht. Einer der stillsten Orte in der ganzen Stadt, hinter dessen Mauern der Verkehrslärm brodelt und wo Vögel zutraulich aus den in den Grabstein eingesenkten Mulden ihre Nahrung holen – genau so, wie es der Minnesänger sich einstmals gewünscht haben soll. Ein Ort so schön wie in ihrer Schweigsamkeit die Strudlhof-Stiege zu Wien – nur daß hier ein paar Verse fehlen, die uns den Ort noch eindringlicher zur Erbauungsstätte machen könnten. Es liegen Welten dazwischen, in vieler Hinsicht, aber Heimito von Doderers Verse könnten hier nicht treffender in den Sinn kommen als an der Strudlhof-Stiege, wo dieses zu lesen ist: »Viel ist hingesunken uns zur Trauer, und das Schöne zeigt die kleinste Dauer.« Ja, man möchte die Beine übereinanderlegen, darauf den Ellenbogen, den Kopf in die Hand stützen und verweilen. Hier sollte man es tun!

Die Augustinerkirche, in dichter Nachbarschaft zum Neumünster, ist eine Bürgerkirche im besten Sinne fränkischer Frömmigkeitserfahrung. Mag sein, daß das »Rita-Öl«, das im angrenzenden Kloster gewonnen wird, die besondere Anziehung ausmacht. Aber die eigentliche Bürgerkirche Würzburgs ist die Marienkapelle. Bürgerstolz nämlich hatte einst die Taler locker gemacht, um dieses gotische Kunstwerk in Szene zu setzen. Sie ist das monumentale gotische Gegenstück zur kostbar-kleinen Deutschhauskirche. Der breite Chor wird außen geblendet von der lichtgleißenden Rokokofassade des Falkenhauses. Diese konvexe Wölbung erweist sich als Nadelöhr, hinter dem sich der ganze Prospekt prallen Lebens am Markt auftut. Im Mittelalter hatten die Bürger vor Judenpogromen im Angesicht des Kirchenportals nicht Halt gemacht, wäre da nicht ein Friedrich von Spee gewesen, der dem übersteigerten Wahn Einhalt gebot. Hier, vor dieser Kirche, wo Handel und Wandel heute unschuldig den Alltag bestimmen, hat sich im Angesicht von Riemenschneiders Adam und Eva, Jüngstem Gericht und feuervergoldeter Muttergottes auf dem Turmhelm viel Frohes und viel Frevelhaftes begeben. Die Stadt hat manches wiedergutgemacht im Zeichen der Versöhnung zwischen Juden und Christen. Und Würzburg ist dafür auch der rechte Ort. Denn Juden hatten sich in der Stadt schon 1147 angesiedelt, und im gleichen Jahr noch erlebten sie, verursacht durch die Kreuzfahrer, das erste der Pogrome. Im umliegenden Viertel, zwischen Schustergasse und Schmalzmarkt, lag das Zentrum des jüdischen Gettos. Die Marienkapelle entstand bewußt über den Grundmauern einer jüdischen Kultstätte. Am 12. April 1349 wurde das gesamte Getto mit der Synagoge ein Raub der Flammen, die einst stattliche Gemeinde wurde heimatlos. Rechts neben dem Haupteingang der Marienkapelle erinnert eine Tafel an diese Zusammenhänge. Nochmals erstarkte die jüdische Kultusgemeinde Würzburgs in der zweiten Hälfte des 19. Jahrhunderts, offiziell existierte sie noch bis zum 22. September 1942, dann hatte der »Frankengau« des NS-Staates alle Erinnerungen vernichtet und die Menschen vertrieben bis in den Tod. Einen jüdischen Studentenbund wie einst gibt es heute nicht mehr, immerhin aber noch die kleine Schar der Menschen, die zurückgekehrt ist und sich aufs neue um den Aron ha-Kodesch versammelt. Wenn an einem strahlend hellen Vormittag die Sonne durch die hohen Fenster in die Marienkapelle hereinscheint und das Gotteshaus mit ihrem Licht durchflutet, wird auch die dunkelste Stelle in der Kirche erhellt, vor allem Riemenschneiders Epitaph für Konrad von Schaumberg. Merkwürdig, wie sich in dieser Hallenkirche Kostbarkeiten und Erinnerungen ineinander fügen: Unter den Füßen, unbezeichnet, ist das Grab des Balthasar Neumann verborgen; Riemenschneiders Kunst ist die Augsburger Silberarbeit einer »Maria im Strahlenkranz« aus dem Ende des 17. Jahrhunderts von Angesicht zu Angesicht gegenübergestellt, vom Mittelrheinischen rührt die »Schöne Madonna«, die viele Kerzen zu ihrer Verehrung auf sich vereinigen kann. Fast vermißt man im Hinausgehen einen unscheinbar wirkenden Flügelaltar an der Südseite, der bei der jüngsten Innenrenovierung gedankenlos beiseite gebracht worden ist. Wer meinte, eine »anrührende Erinnerung« an Colmar unter künstlerischen Gesichtspunkten »opfern« zu dürfen, irrte. Mit dieser Kopie des Isenheimer Altars war mehr gesagt als getan. Denn Mathis Nithart, alias Matthias Grünewald, ist wohl 1460 in der Domstraße geboren worden, nicht weit von dem Haus, in dem Riemenschneider seinem Handwerk nachging.

Würzburg – ein fränkisches Rom? Der Blick aus der Höhe auf die Stadt läßt daran keinen Zweifel, nicht nur angesichts der Kirchtürme, auch angesichts der gewaltigen Kuppeln, unter denen jene von Stift Haug geradewegs an Bramantes Kunstwerk, den Florenzer Dom bekrönend, denken läßt. Aus den Zerstörungen von 1945 ist der Stein gerettet, die Schönheit der klaren barocken Halle mit seiner lichten Vierung. Und darin nimmt sich die gewaltige Kreuzigung Tintorettos in den beträchtlichen Raummaßen erhebend aus.

Mit Fürstbischof Julius Echter von Mespelbrunn hatte Würzburg seinen Aufstieg in Kunst, Kultur und Wissenschaft begonnen. Was von der Festung Marienberg aus zur Alten Universität hin seit Grundsteinlegung auszustrahlen begann, wurde mit der Errichtung des Juliusspitals vollendet, von wo aus das Licht auf den Fürstbischof auf dem Marienberg zurückleuchtete. Dieses geographische Dreieck schafft bis heute optisch wie geistig die Pflöcke, um die sich das Stadtbild nach und nach gruppierte, ergänzt um die Mittelachse von der Festung über den Dom zur Residenz der Schönborn-Generation. Julius Echters Spital für die Alten, Kranken und Bresthaften, für die Pilger, die Waisen und die wie auch immer Behinderten war eine soziale Genietat, die den Überblick und die Weltgeistigkeit eines Mannes beweist, der für alle sozialen Schichten und alle humanen Befindlichkeiten von Körper und Geist Ambition und Verständnis zeigte. Genau dies unterscheidet ihn auch von seinen Thronfolgern in ihrer kühnen, aber nicht selten auch einseitigen Wesenshaltung. Überdies hatte der klugsorgende Hausvater nicht vergessen, daß die Keller des Spitals groß und tief genug sein müssen für Weinkelter und Faß.

Erstaunlich, wie vieles über Kriege und Zerstörungen hinweg in dieser Stadt am Leben erhalten ist. Diese Stadt

»lebt« bis auf den heutigen Tag mit ihrer Vergangenheit. Würzburg – aller Trauer um Dahingesunkenes zum Trotz und nicht nur weil auch ein Richard Wagner hier wirkte – bis auf den heutigen Tag: ein Gesamtkunstwerk.

Kulturadressen

1 Festung Marienberg
2 Mainfränkisches und Fürstenbau-Museum
3 St.-Burkart-Kirche
4 Käppele
5 Spitäle
6 Deutschhauskirche
7 Don-Bosco-Kirche (Schottenkirche)
8 Kloster Himmelspforten
9 Alte Mainbrücke
10 Alter Kranen
11 St. Gertraud
12 Fichtelhof
13 Marienkapelle
14 Haus zum Falken
15 Grafeneckart
16 Neumünster
17 Lusamgärtchen
18 Hof Conti
19 Guttenbergpalais
20 Kiliansdom
21 Riemenschneiders und Neumanns Wohnhäuser
22 Marmelsteiner Hof
23 Franziskanerkirche
24 Greisinghäuser
25 Neubaukirche
26 Michaelskirche
27 St. Stephan
28 Peterskirche
29 Karmeliten- oder Reurerkirche
30 Neue Universität
31 Huttenschlößchen
32 Hofkirche
33 Martin-von-Wagner-Museum
34 Fürstbischöfliche Residenz
35 Staatlicher Hofkeller
36 Roter Bau
37 Bürgerspital zum Hl. Geist
38 Augustinerkirche
39 Juliusspital
40 Stift Haug
41 St. Johannis
42 Mahnmal Luftangriff 1945
43 Universitätsbibliothek und Mensa Am Hubland
44 St. Alfons

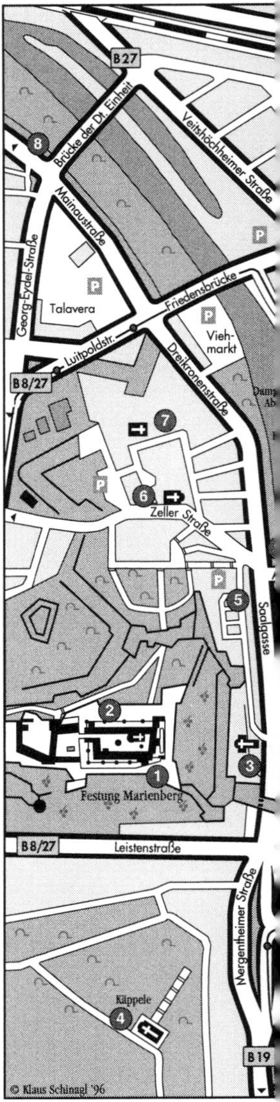

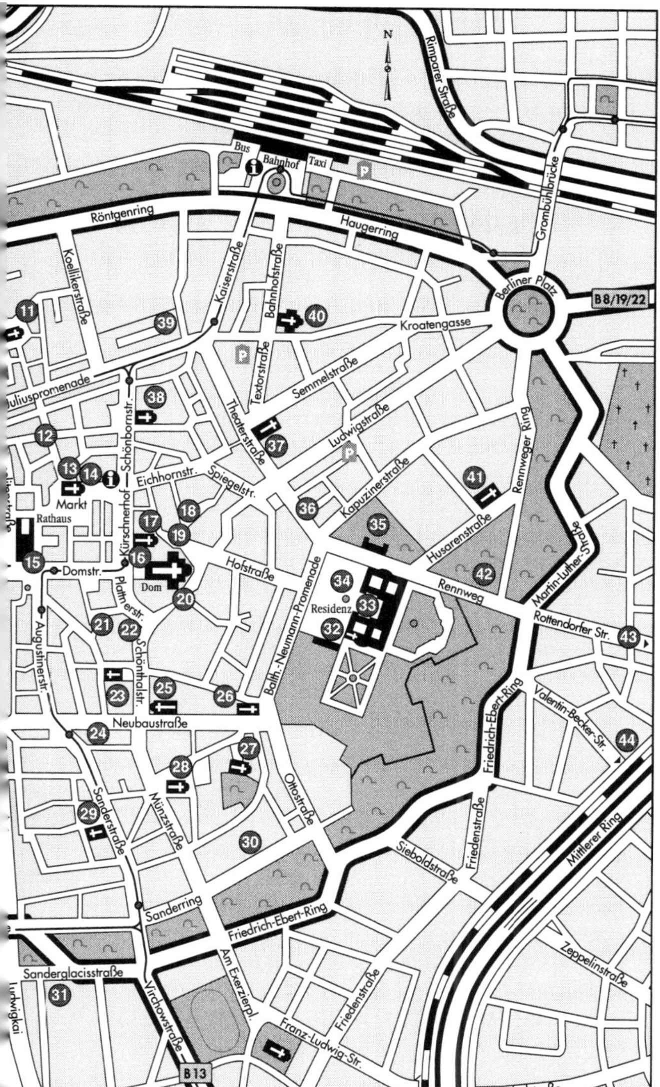

N
Rimparer Straße
Bus
Bahnhof
Taxi
P
Röntgenring
Haugerring
Grombühlbrücke
Berliner Platz
B8/19/22
Koellikerstraße
Kaiserstraße
Bahnhofstraße
Kroatengasse
Textorstraße
Semmelstraße
Juliuspromenade
Schönbornstr.
Theaterstraße
Ludwigstraße
Rennweger Ring
Eichhornstr.
Spiegelstr.
Kapuzinerstraße
Markt
Rathaus
Kürschnerhof
Husarenstraße
Domstr.
Dom
Hofstraße
Rennweg
Martin-Luther-Straße
Residenz
Balth.-Neumann-Promenade
Plattnerstr.
Schönthalstr.
Augustinerstr.
Rottendorfer Str.
Friedrich-Ebert-Ring
Valentin-Becker-Str.
Neubaustraße
Ottostraße
Sanderstraße
Münzstraße
Friedenstraße
Mittlerer Ring
Sieboldstraße
Sanderring
Friedrich-Ebert-Ring
Zeppelinstraße
Sanderglacisstraße
Am Exerzierpl.
Friedenstraße
Ludwigkai
Virchowstraße
Franz-Ludwig-Str.
B13
Erthalstraße
11
12
13
14
15
16
17
18
19
20
21
22
23
24
25
26
27
28
29
30
31
32
33
34
35
36
37
38
39
40
41
42
43
44

Historische Gebäude und Denkmäler

Residenz: Hauptwerk des süddeutschen Barock, eines der bedeutendsten Schlösser Europas. Erbaut 1720-1744 nach Plänen Balthasar Neumanns unter Mitwirkung L. v. Hildebrandts aus Wien und M. v. Welschs aus Mainz. 1945 blieben unversehrt erhalten: das großartige Treppenhaus mit freitragendem Gewölbe und glanzvollem Deckengemälde des Venezianers G. B. Tiepolo; Weißer Saal mit reicher Stuckzier von A. Bossi; Kaisersaal mit prächtiger Ausstattung und Fresken G. B. Tiepolos; Gartensaal mit Deckengemälde von Joh. Zick. Wiederhergestellt die »Paradezimmer«, ausgestattet in reichstem Rokoko 1740-1770.

Festung Marienberg: Ursprünglich Fliehburg der Hallstattzeit (um 1000 v. Chr.), 706 Weihe einer Marienkirche, die den Kern der späteren Burgkirche darstellt. 1201 Gründung der Burg, aus dieser Zeit der Bergfried. 1253-1719 Residenz der Fürstbischöfe. Hauptburg umgeben von mittelalterlichem Bering mit Scherenbergtor (1482). Umbau zum Renaissanceschloß und Anlage der Echterbastei unter Julius Echter um 1600. Aus dieser Zeit der Brunnentempel über dem tiefen Brunnen (104 m). Im 17. Jahrhundert, nach der Eroberung durch Gustav Adolf von Schweden 1631, Ausbau zur Barockfestung und Anlage des Fürstengartens.

Grafeneckart und Rathaus: Ursprünglich Sitz eines bischöflichen Beamten, mit romanischem Turm und stimmungsvollem Saal (Wenzelsaal) des 13. Jahrhunderts. Seit 1316 Rathaus und mehrfach erweitert. Im Untergeschoß die künstlerisch reich ausgestatteten Räume des »Ratskellers«, u.a. die »Laube« von W. Lenz. Neben dem Grafeneckart der »Rote Bau«, von Preiß und Villinger 1659 in späten Renaissanceformen erbaut sowie das 1712 erbaute Karmelitenkloster, seit dem 19. Jahrhundert ebenfalls als Rathaus verwendet. Vor dem Grafeneckart der barocke **Vierröhrenbrunnen**, geschaffen 1765 von L. v. d. Auvera und Peter Wagner.

Alte Mainbrücke: 1473-1543 an Stelle der zerstörten romanischen errichtet. Um 1730 durch die charakteristischen Heiligenfiguren bereichert.

Alter Kranen: Eines der Wahrzeichen der Stadt am Flußufer. Erbaut von Balthasar Neumanns Sohn Franz Ignaz um 1770.

Mahnmal zum Gedächtnis der Opfer des Luftangriffs 1945.

Höfe, Bürgerhäuser und Spitäler

Der **»Hintere Gressenhof«** oder **»Stachel«**, 1413 erstmals genannt, und der benachbarte **»Casteller-Hof«**, ein schöner Renaissancebau; der einstige Domherrnhof **»Conti«**, jetzt bischöfliches Palais, erbaut 1609 mit reichem Renaissance-Erker; der **»Rote Bau«**, ein Familienpalais des frühen 18. Jahrhunderts. Amtshof des Stiftes St. Burkard war der stattliche **Rückermainhof** von J. Greising 1715. Vor den Toren der Stadt erbaute Gg. Beyer für den nachmaligen Fürstbischof von Hutten um 1720 das **Huttenschlößchen**; Hofkanzler Fichtel, der Freund Neumanns, bewohnte den 1724 umgestalteten Hof mit schönem Portal und prächtigem Treppenhaus in der **Bronnbachergasse** (Nr. 8), »Fichtelhof«; der einflußreiche Kammerdirektor Gallus Jakob von Hohlach den 1712-14 von Greising erbauten »Hof Friedberg« (Nr. 43). Ein reiches Portal mit sehr schöner Marienfigur als Hausschmuck am **Haus Theaterstraße 4**.

Das reichste Bürgerhaus der Stadt, das **»Haus zum Falken«**, einst Gasthaus, erhielt eine besonders üppige Stuckdekoration im Jahre 1752.

Hof **»Zum Rebstock«** (Neubaustraße 7), erbaut 1663, festliche Stuckdekoration der Rokokozeit. Gegenüberliegend vorbildlich restaurierte barocke Bürgerhäuser, genannt »Greising-Häuser«.

Bürgerspital: Stiftung reicher Bürger aus dem Jahre 1319. Malerisch der Innenhof mit Arkadenbau von A. Müller von 1717. Kleine gotische Kirche mit wertvollen Plastiken. Tel. 35030

Juliusspital: Gegründet von Fürstbischof Julius Echter 1576. Imposante Barockanlage von schloßartigem Charakter. Fürstenbau mit Rokokoapotheke und Gartenfront 1699 von A. Petrini, schlichte Straßenfront 1789 von Geigel. Im Park reizvoller Pavillon von Greising 1714 und barocke Brunnenanlage von Jakob van der Auvera von 1706. Tel. 3084147

Staatl. Hofkeller: Im Zuge der Säkularisation in staatl. Hände übergegangene Weinbergbesitzungen der Fürstbischöfe; seit 1952 Bayer. Landesanstalt für Weinbau und Gartenbau. Kellereien unter der Residenz. Tel. 30509-23

Dom: Ein Hauptwerk der deutschen Baukunst des 11./12. Jahrhunderts, viertgrößte romanische Kirche Deutschlands. Um 1040 begonnen. Osttürme 1237; Innenraum 1701/04 durch P. Magno in reichstem Hochbarock stuckiert. 1945 ausgebrannt. 1946 Langhaus eingestürzt, Weihe nach Wiederaufbau Mai 1967. Wiederaufbau des Äußeren in alter Form; im Querhaus und Chor barocke Stuckdekorationen erhalten; das Langhaus mit Flachdecke, bemalt von F. Nagel. Altar und Sakramentshaus von A. Schilling 1966/67. Die stattliche Reihe der Bischofsgrabmäler beginnt mit Gottfried von Spitzenberg († 1190); unter den teils hervorragenden Werken besonders die Grabmäler für Rudolf von Scherenberg († 1495) und Lorenz von Bibra († 1519) von T. Riemenschneider. – Neue Portale von fränkischen Bildhauern 1966/67. Orgel 1968 von Klais, Bonn, eine der größten Orgeln in Deutschland. – Angebaut am Querhaus die **Schönbornkapelle**, Grablege der Fürstbischöfe aus dem Hause Schönborn, bedeutende Schöpfung B. Neumanns mit Fresken von R. Byß. – Südlich gotischer Kreuzgang und **Sepultur** mit modernen Glasgemälden von G. Meistermann.

Neumünster: Romanische Basilika des 11. Jahrhunderts. Chor und schmuckvoller Turm 13. Jahrhundert. Mächtiger Kuppelbau und aufwendige Barockfassade 1710-1716. Errichtet über der Grabstätte des hl. Kilian und seiner Gefährten, die hier als Missionare im Jahre 689 ermordet wurden. Reiche Innenausstattung, darunter Grabstein des gelehrten Abtes Trithemius und Madonna von Riemenschneider sowie vier Tafelbilder eines Altares von 1514. Im **»Lusamgärtchen«** (Zugang nördlich vom Chor der Neumünsterkirche) Grabstätte Walthers von der Vogelweide; der Kreuzgangflügel (um 1170) ist ein Hauptwerk der Stauferzeit in Würzburg.

Hofkirche: Ein architektonisch interessanter Raum im Südflügel der Residenz, mit reicher Ausstattung (Fresken von Byß; Altargemälde von G. B. Tiepolo).

St. Michael: Seminarkirche des angrenzenden Priesterseminars, frühklassizistischer Bau von Ph. Geigel und J. Michael Fischer; moderne Innenausstattung.

Neubaukirche: Der Alten Universität angegliederte Universitätskirche; 1583 begonnen; einer der bedeutendsten Sakralbauten der deutschen Renaissance; Kirchturm 1696 von A. Petrini errichtet.

St. Stephan: Erbaut von J. Ph. Geigel 1789, Saalkirche, einst mit frühklassizistischer Ausstattung. Von der romanischen Kirche erhalten die Krypta des 11. Jahrhunderts. Kreuzigungsgruppe über dem Altar von Helmut Ammann 1955.

St. Peter: 1717 von J. Greising mit dekorativ reicher Fassade; dahinter die beiden Türme der ersten romanischen Kirche. Kanzel von Wolfgang v. d. Auvera.

Franziskanerkirche: Älteste deutsche Niederlassung der Franziskaner, 1221 begründet. Schlichte, frühgotische Ordenskirche, 1945 weitgehend zerstört. Wiederaufbau in einfacher Gestalt unter Bewahrung des ursprünglichen Charakters. Reich an Grabdenkmälern, besonders der Renaissance; Pietà von Tilman Riemenschneider. Stimmungsvoller Kreuzgang, erbaut vom 13. bis 15. Jahrhundert. Klosterportal von Michael Kern, 1613.

Karmelitenkirche: Einschiffige, tonnengewölbte Kirche von A. Petrini, die erste Barockkirche Würzburgs, erbaut 1662. Kraftvoll und reich gegliedert die Fassade.

Marienkapelle: Spätgotische Hallenkirche der Bürgerschaft, begonnen 1377, mit dem Turmbau um 1481 vollendet. Reiche plastische Bauzier (Portalfiguren Adam und Eva von Riemenschneider jetzt im Museum, Kopien von 1975 an deren Stelle am Marktportal), besonders in den Bogenfeldern der Portale. Ausstattung nach Brand 1945 neu. Altarwand mit vier Tafelgemälden von 1514. Bedeutende »Schöne Madonna« um 1440 und zwei Reliefs aus der Zeit um 1400; Silbermadonna des 18. Jahrhunderts. Glasgemälde von G. Braun, München, 1961. Zahlreiche Grabmäler fränkischer Ritter und Würzburger Bürger, darunter Grabmal des Konrad von Schaumberg († 1499) von Riemenschneider; beim Marktportal Grabstätte des großen Barockarchitekten Balthasar Neumann (1687-1753).

Augustinerkirche: Ehemals Dominikanerkirche mit hohem, gotischem Chor (um 1275); Langhaus erbaut 1741 von Balthasar Neumann. Stukkaturen von A. Bossi.

Stift Haug: Bedeutendstes Werk des italienischen Architekten A.

Petrini, der erste große Kirchenbau der Barockzeit in Franken, mit stattlicher Doppelturmfassade und mächtiger Vierungskuppel, erbaut 1670-1691. Einst mit sehr reicher, 1945 verbrannter Ausstattung. Über dem neuen Choraltar Kreuzigung von Jacobo Tintoretto, 1583.

St. Gertraud: Schlichte Saalkirche, 1611 in nachgotischem Stil erbaut. Schöner spätgotischer Ölberg (um 1480). Chorkreuz von Julius Bausenwein, Madonna von Otto Sonnleitner, 1962, Glasgemälde von Sela Bail, 1963.

Käppele: Wallfahrtskirche, erbaut von Balthasar Neumann 1748-1752, reiche Raumbildung und glanzvolle Ausstattung: Stukkaturen von Feichtmayr, Fresken von Matth. Günther. – Malerischer Stationsweg mit lebensgroßen Figurengruppen von P. Wagner 1767-1775. Im »Mirakelgang« zahlreiche alte Votivgaben u. Wachsarbeiten.

St. Burkart: Romanische Basilika, geweiht 1042, mit spätgotischem Querhaus und Chor (1493). Bemerkenswerte Ausstattung, u.a. frühgotisches Figurenkapitell (Opferstock), spätgotische Marienfigur, Kreuzigungsrelief des 14. Jahrhunderts, Madonnenbüste von Riemenschneider und gute Barockaltäre der Auvera-Werkstatt.

Deutschhauskirche: Einst Kirche des Deutschherrenordens. Lichte Halle der Frühgotik mit reicher Bauplastik, vollendet um 1296. Anschließend an den spätromanischen Turm das barocke Komtureigebäude sowie das »Jagdzeughaus« mit eleganter Dianagruppe (um 1710).

Don-Bosco-Kirche (Schottenkirche): Die romanische Pfeilerbasilika 1945 nahezu völlig zerstört, erhalten allein die Ostpartie mit frühgotischem Chor und romanischem Turmpaar. Langhaus von Boßlet und van Aaken.

St. Johannis: 1957 von R. Riemerschmied erbaute protestantische Pfarrkirche, errichtet an Stelle eines zerstörten, neugotischen Kirchenbaus.

St. Alfons: Erster moderner Kirchenbau nach 1945, von Hans Schädel 1954 erbaut, mit großem Chorfresko von Georg Meistermann.

Öffentliche und private Museen

Mainfränkisches Museum: Im barocken Zeughaus (1702-1712) der Festung Marienberg. 1947 eröffnete Sammlung hervorragender fränkischer Kunstwerke, darunter die weltberühmten Plastiken von Til Riemenschneider: unter anderem Adam und Eva von der Marienkapelle; Gartenplastiken von F. Tietz und P. Wagner aus dem Park von Veitshöchheim; vorgeschichtliche Sammlung; Zeugnisse fränkischer Weinkultur, Volkskunde-Abteilung mit Trachten-Sammlung.
Tel. 43016; Öffnungszeiten: April-Oktober Di-So 10.00-17.00 Uhr; November-März Di-So 10.00-16.00 Uhr

Fürstenbau-Museum: Im Südflügel der Festung Marienberg. Sammlungen zu Stadtgeschichte und fürstbischöflicher Wohnwelt Würzburgs; wertvolle Goldschmiedearbeiten und liturgische Gewänder.
Tel. 43838; Öffnungszeiten: April-September Di-So 9.00-17.00 Uhr; Oktober-März Di-So 10.00-16.00 Uhr

Martin-von-Wagner-Museum: Im Hofgarten-Flügel der Residenz. Bedeutende Antiken-Sammlung, Gemäldegalerie und Kupferstichkabinett.
Tel. 31288, 31866; Öffnungszeiten: Gemäldegalerie: Di-Sa 9.30-12.30 Uhr; Antikensammlung: Di-Sa 14.00-17.00 Uhr, So 9.30-12.30 Uhr (So Gemälde oder Antiken); Graphische Sammlung: Di und Do 16.00-18.00 Uhr; Eintritt frei

Städtische Galerie: Hofstraße 3. Sammlung von Gemälden, Plastiken und Grafik fränkischer Künstler des 19. und 20. Jahrhunderts, u.a. Werke von Leibl, Slevogt, E. L. Kirchner, Heckel und E. Roeder; Wechselausstellungen moderner Kunst; das Gebäude, einstmals Domherrnhof »Rannenberg«, 1823 klassizistisch umgestaltet; in gleicher Form 1965-1969 wieder aufgebaut.
Tel. 322250; Öffnungszeiten: Di-Fr 10.00-17.00 Uhr; Sa, So und Feiertag 10.00-13.00 Uhr; Eintritt frei

Otto-Richter-Halle: Hofstraße 11. Ausstellungsraum für wechselnde Ausstellungen moderner Kunst durch die »Freunde Mainfränkischer Kunst und Geschichte«.
Tel. 51552; Öffnungszeiten: Di-Fr 10.00-13.00 Uhr und 14.00-17.00 Uhr; Sa und So 9.00-12.00 Uhr; Eintritt frei

»Spitäle«: Spätgotische, 1789 umgebaute Kapelle (Hofspitalkirche) mit frühklassizistischer Fassade des ehem. Hofspitals von Heinrich Alois Geigel. Galerie für wechselnde Ausstellungen zeitgenössischer Kunst.
Tel. 44119, 83605; Öffnungszeiten: Di-Fr 10.00-13.00 Uhr und 14.00-17.00 Uhr; Sa und So 10.00-13.00 Uhr; Eintritt frei

Marmelsteiner Kabinett: Plattnerstraße. Dreiflügelanlage mit Binnenhof, 1747 nach Entwürfen B. Neumanns erbaut. Galerie für moderne christliche Kunst. Wechselnde Ausstellungen.
Tel. 386261; Öffnungszeiten: Di-Fr 14.00-17.00 Uhr; Sa und So 10.00-12.00 und 14.00-17.00 Uhr; Eintritt frei

Röntgen-Gedächtnisstätte: Röntgenring 8. Erinnerungsgegenstände an Wilhelm Conrad Röntgen (1845-1923); der deutsche Physiker entdeckte 1895 in Würzburg eine dem Licht wesensgleiche elektromagnetische Kurzwellenstrahlung; Nobelpreis 1901.
Tel. 304103; Öffnungszeiten: Mo-Do 9.00-16.00 Uhr; Fr 9.00-15.00 Uhr; Eintritt frei

Physikalisches Institut der Universität Würzburg: Am Hubland. Erinnerungsstücke (in Kopien) aus dem Nachlaß von Wilhelm Conrad Röntgen.
Tel.8885719; Öffnungszeiten: Mo-Fr 8.00-18.00 Uhr; Führungen nach Vereinbarung; Eintritt frei

Mineralogisches Museum der Universität Würzburg: Am Hubland.
Tel. 888407, 888421; Öffnungszeiten: So 14.00-17.00 Uhr; Gruppenführungen nach Vereinbarung; Eintritt frei

Orthopädisches Geschichts- und Forschungsmuseum e.V.: Brettreichstraße 11.
Tel. 803-1; Besichtigung nach Vereinbarung; Eintritt frei

Missionsmuseum: Mariannhiller Pius-Seminar; Mariannhillstraße 1.
Tel. 796990; Öffnungszeiten: So und Feiertag 14.30-17.00 Uhr und nach Vereinbarung; Eintritt frei

Historischer Zunftsaal der Fischerzunft: Saalgasse 6.
Tel. 42338; Öffnungszeiten: Mai-Okt.: 1. u. 3. So im Monat 10.00-12.00 Uhr und nach Vereinbarung; Eintritt frei

Gärten und Parkanlagen

Hofgarten der Residenz, angelegt unter Einbeziehung der Barockbastionen, mit zahlreichen Gartenplastiken und Puttengruppen von P. Wagner sowie prachtvollen schmiedeeisernen Toren von J. Gg. Oegg in reichsten Rokokoformen.

Glacis: Grüngürtel, im Halbkreis die Stadt durchziehend, auf den Fundamenten der alten Stadtbastion; Rosenbachpark rückseits des Hofgartens.

Festungsgärten: Anlagen der Festung Marienberg mit Aussichtsterrassen auf die Stadt und das Maintal.

Botanischer Garten: Mittlerer Dallenbergweg 64. Tel. 8880; Freiland: April-Sept. 8.00-18.00 Uhr, Okt.-März 8.00-16.00 Uhr; Pflanzenschauhäuser: Mi und Sa 14.00-16.00 Uhr, So und Feiertag 10.00-12.00 Uhr und 14.00-16.00 Uhr; Kostenlose Führungen jeden 3. Samstag im Monat 14.30 Uhr; Eintritt frei

Lusamgärtchen: Ehemaliger Kreuzgang und Begräbnisstätte für die Stiftsherren der Neumünsterkirche. Nach der Überlieferung befindet sich hier auch das Grab des Minnesängers Walther von der Vogelweide. Der erhaltene Nordflügel des romanischen Kreuzgangs ist ein Denkmal staufischer Architektur unter lombardischem Einfluß.

Bildung und Wissenschaft

Universität Würzburg (mit angeschlossenen Instituten): Tel. 31750

Hochschule für Musik: Hofstallstraße 6-8. Tel. 50641

Domschule e.V.: St. Burkardushaus (Bildungshaus der Diözese); Am Bruderhof 1; Tel. 3505117

Stadtarchiv: Neubaustraße 12; Tel. 37308

Bibliotheken

Universitätsbibliothek: Am Hubland; Tel. 8885906/07

Stadtbücherei: Haus zum Falken am Markt; Tel. 37438

Dokumentationszentrum für jüdische Geschichte und Kultur in Unterfranken: Valentin-Becker-Straße 11; Tel. 18275

Jährliche traditionelle Kulturereignisse

Tage der Alten Musik: Ein Festival mit Aufführung historischer Werke auf historischen Instrumenten (Ende Januar).

Internationales Filmwochenende: Querschnittangebot aus dem Filmschaffen namhafter Regisseure von der »Klassik« bis zur Gegenwart (Ende Januar).

Mozartfest: Symphonie- und Kammermusikkonzerte in den Räumen der Residenz; Zwei »Nachtmusiken« im Hofgarten; Opernaufführungen im Stadttheater (Juni).

Kiliani-Volksfest: Größtes Volksfest Unterfrankens mit Trachtenumzug. Festzelt an der »Talavera« (Juli).

Bachtage: Aufführung zentraler Werke J. S. Bachs (Passionen, Kantaten, Orchester- und Kammermusikwerke) (November).

Jazz-Festival: Begegnung regionaler und überregionaler Gruppen mit Wochenend-non-stop-Programm (November).

Würzburger Weihnachtsmarkt: Weihnachtliche Budenstraße auf dem Gelände des Hauptmarkts an der Marienkapelle mit kunstgewerblichen Waren und fränkischen Besonderheiten (November/Dezember).

Sonstige Adressen

Tourist Information I: Pavillon am Hauptbahnhof; Tel. 0931/37436 ⟨372436⟩; Öffnungszeiten: Mo-Sa 10.00-18.00 Uhr

Tourist Information II: Haus zum Falken am Markt; Tel. 0931/373398 ⟨372398⟩; Öffnungszeiten: April-Dezember Mo-Fr 10.00-18.00 Uhr, Sa 10.00-14.00 Uhr; April-Oktober So und Feiertage 10.00-14.00 Uhr

Congress Centrum Würzburg: c/o Fremdenverkehrsamt, Am Congress Centrum; Tel. 373335 ⟨372335⟩; Öffnungszeiten: Mo-Do 8.00-17.00 Uhr; Fr 8.00-12.00 Uhr

Stadttheater Würzburg (mit Kammerspielen): Theaterkasse, Theaterstraße 21; Tel. 3908124

Würzburger Kartenvorverkauf: CC-Passage, Eichhornstraße 21; Tel. 52205, 55554

Autoren- und Quellenverzeichnis

Bonaventura (anonym, 1804 veröffentlicht) *Nachtwache**, S. 52; aus: Nachtwachen. Herausgegeben von Wolfgang Paulsen. Reclam Verlag, Stuttgart 1964, S. 76-86

Dauthendey, Max (1867-1918) *Um sechs Uhr morgens*, S. 89; aus: Der Geist meines Vaters. Aufzeichnungen aus einem begrabenen Jahrhundert. Albert Langen Verlag, München 1912, S. 78-84; 229-232; 258-260

Edschmid, Kasimir (1890-1966) *Würzburg*, S. 156; aus: Im Spiegel des Rheins. Westdeutsche Fahrten. Societäts Verlag, Frankfurt am Main 1933, S. 140-148. Abdruck mit freundlicher Genehmigung von Elisabeth Edschmid.

Frank, Leonhard (1882-1961) *Die Räuberbande*, S. 79; aus: Die Räuberbande. Nymphenburger Verlagshandlung, München 1975, S. 151-154. © Aufbau-Verlag GmbH 1990; *Menschliche Kleinheit**, S. 83; aus: Links wo das Herz ist. Deutscher Taschenbuchverlag, München 1963, S. 174-175. © Aufbau-Verlag GmbH 1990

Ganghofer, Ludwig (1855-1920) *Spät im Herbste*, S. 106; aus: Lebenslauf eines Optimisten. Buch der Jugend. Bong Verlag, Stuttgart o. J. [ca. 1920], S. 314-320

Goethe, Johann Wolfgang (1749-1832) *Briefe*, S. 11; aus: Briefe. Hamburger Ausgabe. Herausgegeben von K. R. Mandelkow und B. Morawe. Band 1. Beck Verlag, Hamburg 1968, S. 322-324

Grimm, Ludwig Emil (1790-1863) *Nun ging es rasch vorwärts*, S. 30; aus: Erinnerungen aus meinem Leben. Herausgegeben von W. Praesent. Bärenreiter Verlag, Kassel 1950, S. 229-230

Hesse, Hermann (1877-1962) *Einst in Würzburg*, S. 162; aus: Die Kunst des Müßiggangs. Kurze Prosa aus dem Nachlaß. Herausgegeben von Volker Michels. Suhrkamp Verlag, Frankfurt am Main 1973, S. 277-281

Heym, Georg (1887-1912) *24. [April 1908] Würzburg*, S. 110; aus: Dichtungen und Schriften. Herausgegeben von K. L. Schneider. Band 3: Tagebücher u. a. Heinrich Ellermann Verlag 1960, S. 106-115

Hofmiller, Josef (1872-1933) *Würzburg*, S. 147; aus: Josef Hofmillers Schriften. Band 3: Wanderbilder und Pilgerfahrten. Herausgegeben von Hulda Hofmiller. © 1938 Karl Rauch Verlag Düsseldorf, S. 73-82

Huch, Ricarda (1864-1947) *Würzburg*, S. 135; aus: Im alten Reich. Lebensbilder deutscher Städte. Ullstein Verlag, Frankfurt und Berlin 1980, S. 189-199. Abdruck mit freundlicher Genehmigung von Alexander Böhm.

Immermann, Karl Leberecht (1796-1840) *Fränkische Reise, Herbst 1837*, S. 40; aus: Memorabilien. Dritter Teil (Nachdruck der 1. Auflage von 1843). Palm und Enke Verlag, Erlangen 1980, S. 24-38

Jean Paul (Friedrich Richter) (1767-1825) *Das Tollhaus*, S. 49; aus: Titan. Insel Verlag Frankfurt am Main 1983 (insel taschenbuch 671), S. 826-828

Kleist, Heinrich von (1777-1811) *Briefe*, S. 15; aus: Sämtliche Werke und Briefe. Herausgegeben von Helmut Sembdner. Carl Hanser Verlag, München 1977, S. 554-581

Koeppen, Wolfgang (1906-1996) *Als ich in Würzburg am Theater war*, S. 126; aus: Ich ging Eulenspiegels Wege. Ein Lesebuch. Herausgegeben von Dagmar von Briel. Suhrkamp Verlag Frankfurt am Main 1996, S. 38-42

Kolb, Annette (1870-1967) *Die Würzburger Nachtigall*, S. 180; aus: 1907-1964. Zeitbilder. S. Fischer Verlag, Frankfurt am Main 1984, S. 181-184

Platen-Hallermünde, August Graf von (1796-1835) *Noch ist mir der hiesige Aufenthalt*, S. 101; aus: Tagebücher. Im Auszug herausgegeben von E. Petzet. Reclam Verlag, Leipzig o. J. [1928], S. 61-67

Pückler-Muskau, Hermann Fürst von (1785-1871) *Vorgestern kam ich in Würzburg an*, S. 32; aus: Semilassos vorletzter Weltgang. Traum und Wachen. Aus den Papieren des Verstorbenen. 1. Teil: In Europa. Georg Müller Verlag, München 1913, S. 160-170

Wagner, Richard (1813-1883) *[Ich] verließ [. . .] im Januar 1833 Leipzig*, S. 117; aus: Mein Leben. Herausgegeben von Martin Gregor-Dellin. List Verlag, München 1969, S. 81-86

Walser, Robert (1878-1956) *Würzburg*, S. 167; aus: Poetenleben. Suhrkamp Verlag Frankfurt am Main 1986, S. 35-50

Wassermann, Jakob (1873-1934) *Aufruhr um den Junker Ernst*, S. 69; aus: Der Aufruhr um den Junker Ernst. S. Fischer Verlag,

Frankfurt am Main 1977, S. 148-161. © by Langen Müller Verlag in der F. A. Herbig Verlagsbuchhandlung GmbH, München

Weismantel, Leo (1888-1964) *Riemenschneider**, S. 61; aus: Dill Riemenschneider. Der Roman seines Lebens. F. H. Kerle Verlag, Heidelberg 1958, S. 197-206

Die mit einem * versehenen Titel stammen vom Herausgeber.

Bildquellenverzeichnis

Bavaria, Gauting: 3 – Bilderberg, Hamburg: 4,5 – Claus Gretter, Frankfurt: 9, 11, 12 – Edmund von König, Dielheim: 1, 2, 7 – Friedrich Mader, Nürnberg: 10 – Horst Zielske, Göttingen: 6 – Eberhard Zwicker, Würzburg: 8